21世纪大学俄语系列教材

总主编 孙玉华 邓军

俄语视听说
基础教程（1）

Базовый аудиовизуальный курс русского языка 1

总 主 编　孙玉华
本册主编　王婵娟
　　　　　И.В.Таюрская

图书在版编目(CIP)数据

俄语视听说基础教程(1)/孙玉华总主编.—北京：北京大学出版社，2010.8
(21世纪大学俄语系列教材)
ISBN 978-7-301-16719-9

Ⅰ.①俄… Ⅱ.①孙… Ⅲ.①俄语—听说教学—高等学校—教材 Ⅳ.①H359.9

中国版本图书馆CIP数据核字(2010)第143219号

书　　名	俄语视听说基础教程(1)
著作责任者	孙玉华　总主编
责任编辑	李　哲
标准书号	ISBN 978-7-301-16719-9
出版发行	北京大学出版社
地　　址	北京市海淀区成府路205号　100871
网　　址	http://www.pup.cn　新浪官方微博:@北京大学出版社
电子信箱	编辑部 pupwaiwen@pup.cn　总编室 zpup@pup.cn
电　　话	邮购部 010-62752015　发行部 010-62750672　编辑部 010-62759634
印刷者	北京宏伟双华印刷有限公司
经销者	新华书店
	787毫米×1092毫米　16开本　7.75印张　153千字
	2010年8月第1版　2025年1月第17次印刷
定　　价	50.00元

未经许可，不得以任何方式复制或抄袭本书之部分或全部内容。
版权所有，侵权必究
举报电话：010-62752024　电子信箱：fd@pup.pku.edu.cn
图书如有印装质量问题，请与出版部联系，电话:010-62756370

21世纪大学俄语系列教材

总主编　孙玉华　邓　军
顾　问　白春仁　李明滨　张会森

编委会（以汉语拼音为序）
丛亚萍　　山东大学
邓　军　　黑龙江大学
刘　宏　　大连外国语学院
刘利民　　首都师范大学
苗幽燕　　吉林大学
史铁强　　北京外国语大学
孙玉华　　大连外国语学院
王加兴　　南京大学
王铭玉　　天津外国语大学
王松亭　　解放军外国语学院
王仰正　　浙江大学
夏忠宪　　北京师范大学
杨　杰　　厦门大学
张　冰　　北京大学出版社
张　杰　　南京师范大学
查晓燕　　北京大学
赵　红　　西安外国语大学
赵爱国　　苏州大学
赵秋野　　哈尔滨师范大学
郑体武　　上海外国语大学

前　言

近年来由于各高校所招俄语专业学生均为零起点水平,受其单词量的限制,适合零起点一年级教学的听力材料难以选择,更没有现成的视频资源。在北京大学出版社的大力支持下,大连外国语学院成立了以孙玉华为组长、教学经验丰富的教师和资深外教共同组成的编写小组,以最新的教学理念为指导,采用现代化教学手段,选取语言鲜活、难易程度适当的新材料,编写了本套教材。

本套教材共3册,包括学生用书、多媒体教学光盘等相关配套出版物。其中第1册供一年级下学期使用,2、3册分别供二年级上、下学期使用。

本册教材适用于零起点本科一年级下学期,按照实用性、交际性、主题化、任务型原则,设置了相识、家庭、学习、工作、做客、气候与天气、休息、体育运动八个专题场景。本册教材具有以下几个方面特点:

● 视、听、说密切结合,激发学生学习兴趣

本册教材不仅配有原创的视频教学片,而且每课后都附有多篇原汁原味的听力材料及形式多样的会话练习,真正达到视、听、说融为一体,这也是本教材的突出特色。

● 模拟真实语言环境,培养学生跨文化交际能力

本册教材编写时贯彻实用性、交际性、主题化、任务型原则。通过对专题的学习,既可让学生了解俄罗斯原汁原味的生活,又能提高学生的跨文化交际能力。

● 穿插图表、照片于教材中,突出教学内容直观性

本册教材在版面的设计上穿插了图表、照片等真实的视觉材料。大量的图片和生动的表格增加了教学的直观性和学习的乐趣,情节插图也增强了教材对学生的吸引力。

● 依托经典俄罗斯歌曲,强化学生的国情知识能力

本册教材每课都附有一首反映俄罗斯民族特色、在人民生活中广为传唱的经典歌曲,并对歌曲所折射的国情知识用俄、汉两种文字注释,让学生通过听歌、学歌了解俄罗斯文化。该练习的设计是本听力教材的创新点,也是本教材的一大亮点。

● 练习形式多种多样,靶向训练学生听力技能

本册教材通过课前热身、课上精听、课后泛听及会话等多种练习形式,从多角度强化学生的听力技能,培养学生的俄语思维能力和表达能力。

● 编写理念贴近原版教材,促进学生形成俄语语言个性

本册教材在编写上力求除必要的注释外全用俄文,尽量用学生学过的单词注释生词,培养学生的俄语思维能力,促进学生形成俄语语言个性。

前 言

● 配有四级考试题型，方便学生课后自主复习

本教材还可作为俄语专业学生四级考试的辅导用书。每一课课后配有人机对话练习、听力理解练习、听写等内容，帮助学生课后自主复习，顺利通过俄语专业四级考试。

● 根据学生的语言水平，量身定做情景教学片

本册教材包括八个场景、二十四个对话。对话的编写充分考虑了教学对象的语言水平和接受能力，语言简练，交际性强，突出对语言材料的正确运用。短片全部邀请俄罗斯留学生实景拍摄，并精心制作了相关DVD光盘和电子课件赠送给使用本套教材的任课教师。

本册教材适用于高等学校俄语专业本科生视听说课、泛读课、语言国情课使用，也可供非俄语专业本科生听力教学及俄语学习者自学使用。

全套教材由大连外国语学院孙玉华教授担任总主编。本册教材由王婵娟副教授和俄罗斯专家И.В.塔尤尔斯卡雅合作编写。刘铁妹老师参与了部分资料翻译工作。

本教材相关音视频教学材料由俄罗斯专家А.А.勃奇卡廖夫执导，莫斯科师范大学留学生С.А.克里茂夫、А.А.扎依托娃、Т.Ю.法丽娜及中国学生叶斯帖、骆惠博参与录制拍摄。在此对他们的创造性劳动特表感谢！

本教材在编写中得到北京大学出版社张冰主任的大力支持和关注，我们对此深表谢忱！

由于编者水平有限，疏漏和错误在所难免，诚挚希望本书的读者批评、指正。

编者

2010年6月8日

目 录

- **УРОК 1:** ЗНАКОМСТВО 1
- **УРОК 2:** СЕМЬЯ 14
- **УРОК 3:** УЧЁБА 30
- **УРОК 4:** РАБОЧИЙ ДЕНЬ 45
- **УРОК 5:** НОВАЯ КВАРТИРА 60
- **УРОК 6:** КЛИМАТ, ПОГОДА, ВРЕМЕНА ГОДА 74
- **УРОК 7:** ОТДЫХ 88
- **УРОК 8:** СПОРТ 103

УРОК 1   ЗНАКОМСТВО

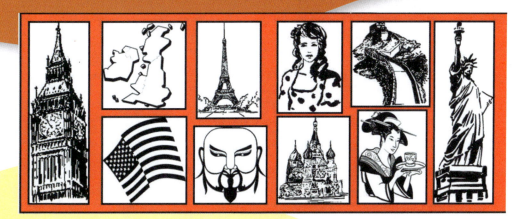

 СЛУШАЕМ И ВСПОМИНАЕМ

听录音请扫二维码

 1.1.

(А) Слушайте слова. Повторяйте за диктором только имена мужчин. Не повторяйте имена женщин.

(Б) Слушайте слова. Повторяйте за диктором только названия стран. Не повторяйте названия городов.

 1.2.

Послушайте вопросы. Напишите ответы.

(1) _____

(2) _____

(3) _____

(4) _____

(5) _____

СЛУШАЕМ И СЛЫШИМ

1.3.

Послушайте слова. Что вы слышите? Подчеркните то, что вы слышите.

(1) Виктор, Сергей — вы кто, Сергей

(2) Он Александр — она Александра

(3) Из России и Китая — из России в Китай

(4) Дмитрий и Владимир — мы, ты и Владимир

(5) Его зовут Евгений — её зовут Евгения

(6) Я не был в Токио — я не был только

(7) Он из США — Он и Саша

(8) Откуда Наташа? — Откуда она шла?

1.4.

Послушайте предложения с именами. Какой падеж у имён вы слышите – **1, 2, 3, 4, 5** или **6**?

(1) Сергей - 3.   (5) Виктор -   (9) Антон -

(2) Владимир -   (6) Дмитрий -   (10) Александр -

(3) Наташа -   (7) Евгений -   (11) Александра -

(4) Елена -   (8) Ольга -   (12) Евгения -

1.5.

Послушайте предложения. Вы слышите то, что написано (√), или нет (×)?

(1) Давайте познакомимся! Меня зовут Антон. √

(2) Я преподаватель китайского языка. _____

(3) Меня зовут Александр Иванов. _____

(4) Как тебя зовут? _____

(5) Наташа и Антон из Франции. _____

(6) Очень приятно, Сергей Попов. _____

УРОК 1   ЗНАКОМСТВО

(7) Я тоже из России, а не из Китая. _____

(8) Я Антон, а это — Олег и Александр. _____

1.Б.

Послушайте эти предложения. Сколько в них слов?

НАПРИМЕР: Наташа из США, Саша — нет. *(5 слов)*

| (0) | (1) | (2) | (3) | (4) | (5) | (6) | (7) | (8) |

5.

СЛУШАЕМ ДИАЛОГИ

1.7. Диалог 1. Здравствуйте! Давайте познакомимся!

(А) Соедините слова и выражения **(I)** с их значением **(II)**.

I. Слова и выражения диалога	II. Значение, объяснение
(1) Я ваш преподаватель.	(1) Я буду вас учить.
(2) приятно	(2) например: Россия, Китай, США
(3) познакомиться	(3) очень рад
(4) страна	(4) сказать своё имя новому человеку и спросить его имя

(Б) Послушайте Диалог 1.

(В) Ответьте на вопросы.

(1) Сколько человек разговаривает?
(2) Кто они?
(3) Где они разговаривают?
(4) Как их зовут?
(5) Откуда они?

3

(Г) Сначала послушайте диалог ещё раз. Потом скажите, кто говорит эти предложения — Ван Ли, Наташа или Сергей.

Образец: [ВАН ЛИ] *(1)* Я ваш преподаватель китайского языка. Меня зовут Ван Ли.

[_____] (...) Меня зовут Наташа Иванова.

[_____] (...) Давайте познакомимся.

[_____] (...) Из какой вы страны?

[_____] (...) Как вас зовут?

[_____] (...) Меня зовут Сергей Попов. Я тоже из России.

[_____] (...) Приятно познакомиться! А как вас зовут?

[_____] (...) Очень рада!

[_____] (...) Я из России.

Теперь поставьте эти предложения в правильном порядке.

(Д) Да или нет?

(1) Преподавателя зовут Ван Лу. (_____)

(2) Сергей приехал из России, а Наташа приехала из другой страны. (_____)

(3) Сергей и Наташа будут учить китайский язык. (_____)

(4) Они очень рады познакомиться. (_____)

(5) Преподаватель Ван преподаёт русский язык. (_____)

(Е) Разыграйте этот диалог. Один из вас — преподаватель Ван Ли, другой — Наташа Иванова, третий — Сергей Попов.

УРОК 1 ЗНАКОМСТВО

1.8. Диалог 2. Познакомьтесь, пожалуйста. Это...

(А) Соедините слова и выражения (I) с их значением (II).

I. Слова и выражения диалога	II. Значение, объяснение
(1) изучать (что-то)	(А) До свидания!
(2) До встречи!	(Б) мне нравится, что...
(3) как хорошо, что...	(В) учить (что-то)

(Б) Послушайте Диалог 2.

(В) Ответьте на вопросы.

(1) Сколько человек разговаривает?

(2) Кто это?

(3) Кто знакомит Наташу и Джейн?

(4) Какой язык раньше изучала Джейн?

(5) Наташа раньше изучала китайский язык?

(Г) Сначала послушайте диалог ещё раз. Потом заполните пропуски в предложениях.

— <u>Познакомьтесь</u>, пожалуйста, это новая _____ из США Джейн Бул.

А это _____ из _____ Наташа Иванова.

— _____ познакомиться.

— Я тоже _____!

— Джейн, ты раньше _____ китайский _____?

— Я _____ изучала, но он мне _____. А ты?

— Я изучала китайский язык _____.

— Как хорошо, что мы _____ вместе!

— До встречи!

— До _____!

5

(Д) Да или нет?

(1) Джейн Бул — новая студентка из США. (_____)

(2) Джейн никогда не изучала китайский язык. (_____)

(3) Джейн очень нравится русский язык. (_____)

(4) Наташа два года изучала русский язык. (_____)

(5) Джейн и Наташа будут учиться вместе. (_____)

(Е) Разыграйте этот диалог. Один из вас — Ван Ли, другой — Наташа Иванова, третий — Джейн Бул.

 1.9. Диалог 3. Разрешите представиться!

(А) Соедините слова и выражения (I) с их значением (II).

I. Слова и выражения диалога	II. Значение, объяснение
(1) простите	(А) Приветствуем вас!
(2) разрешите представиться	(Б) зовите меня Саня
(3) можно просто Саня	(В) извините
(4) Добро пожаловать!	(Г) институт, где изучают иностранные языки, в городе Далянь
(5) Даляньский институт иностранных языков	(Д) хочу сказать немного о себе

(Б) Послушайте Диалог 3.

(В) Ответьте на вопросы.

(1) Кто разговаривает?

(2) Кто знакомится с Сергеем и Наташей?

(3) Ян Мэй студентка? Что она изучает?

(4) Как вы думаете, Сергею и Наташе нравится Ян Мэй?

Добро пожаловать в Китай!

УРОК 1 ЗНАКОМСТВО

(Г) Сначала послушайте диалог ещё раз. Потом закончите реплики. Используйте ключевые слова.

— Простите, вы _студенты из России_ ?

— Да, _____ .

— Разрешите представиться. Меня _____
_____
_____

— Очень приятно. Я _____
_____

— А я _____
_____

— Добро пожаловать _____ !

Ключевые слова: китайский язык, ~~Китай~~, ~~студенты~~, русский язык, можно просто, Сергей Попов, ~~Россия~~, Наталья Иванова, Даляньский институт иностранных языков

(Д) Да или нет?

(1) Сергей и Наташа подошли к Ян Мэй и начали разговор. (_____)

(2) Ян Мэй приехала из Китая в Россию. (_____)

(3) Ян Мэй говорит по-русски. (_____)

(4) Ян Мэй уже работает. Она переводчик. (_____)

(5) Ян Мэй рада, что Серёжа и Наташа приехали в Китай и будут учиться здесь. (_____)

(Е) Разыграйте этот диалог. Один из вас — Ян Мэй, другой — Сергей Попов, третий — Наталья Иванова.

🔊 СЛУШАЕМ И ГОВОРИМ

1.10.

(А) Послушайте, как представляются разные люди. Кто из них представляется первый, кто – второй, кто – третий и т.д.?

Оксана Фёдорова, Мисс России и Мисс Мира

Витас, певец и композитор

Владимир Владимирович Путин, президент России

Дмитрий Анатольевич Медведев, бывший президент России

Елена Исинбаева, спортсменка из России

(Б) Кто из этих людей говорит важно и официально? А кто — просто?

ОФИЦИАЛЬНО	ПРОСТО
* Здравствуйте.	* Привет!
* Разрешите представиться.	* Давайте познакомимся.
* Меня зовут Дмитрий Анатольевич Медведев.	* Я Елена Исинбаева, можно просто Лена.

УРОК 1 ЗНАКОМСТВО

(В) Вы известный человек. Представьтесь официально или просто. Пусть ваши одногруппники, послушают и скажут, как вы представились.

(Г) Вы известный человек. Познакомьтесь с другим известным человеком (вашим одногруппником).

 СЛУШАЕМ ТЕКСТЫ

 1.11.

(А) Послушайте Текст 1.

(Б) Послушайте вопросы. Выберите правильный вариант ответа — **А, Б, В** или **Г**.

Вопрос (1)

(А) преподаватель русского языка (Б) студентка из США

(В) немка (Г) преподаватель китайского языка

Вопрос (2)

(А) в Даляньском институт иностранных языков

(Б) в Институте русского языка имени Пушкина

(В) в русской школе для иностранных студентов

(Г) в университете в США

Вопрос (3)

(А) три студента (Б) пять студентов

(В) четырс студента (Г) шесть студентов

Вопрос (4)

(А) Анна Шмидт (Б) Жан Блан

(В) Сара Эванс (Г) Ван Хун

Вопрос (5)

(А) из Китая (Б) из США

(В) из Германии (Г) из Франции

Вопрос (6)

(А) Она учит русский язык уже два года

(Б) Она долго живёт в России

(В) Её мама русская

(Г) Её бабушка русская

Вопрос (7)

(А) он нравится девушкам (Б) он приехал из Даляня

(В) он больше всех занимается (Г) он ещё плохо говорит по-русски

Вопрос (8)

(А) на русском языке (Б) на английском языке

(В) на арабском языке (Г) на китайском языке

(В) Составьте свои предложения по тексту. Используйте ключевые слова.

Надежда Павловна		20 лет
Институт русского языка имени Пушкина		
Анна Шмидт	Жан Блан	
Сара Эванс	Ван Хун	два года
девушки	бабушка	учебники

 1.12.

(А) Послушайте Текст 2.

(Б) Послушайте вопросы. Выберите правильный вариант ответа — **А, Б, В** или **Г**.

УРОК 1 ЗНАКОМСТВО

Вопрос (1)

(А) один человек (Б) три человека
(В) два человека (Г) больше трёх человек

Вопрос (2)

(А) политик и бизнесмен (Б) спортсмен
(В) телеведущий и музыкант (Г) космонавт

Вопрос (3)

(А) на радио (Б) на телевидении
(В) в газете (Г) в Большом театре

Вопрос (4)

(А) Он умный и интересный (Б) Он талантливый
(В) Он обычный (Г) Он высокий и красивый

Вопрос (5)

(А) Его родители музыканты

(Б) Он ходил в музыкальную школу

(В) Он учитель музыки

(Г) Он ведёт музыкальную телепрограмму

Вопрос (6)

(А) говорить по-французски (Б) фотографировать
(В) говорить по-английски (Г) играть в кино

Вопрос (7)

(А) что такой человек работает на ТВ

(Б) что это всё один человек

(В) что такой человек живёт в России

(Г) что Ивана Урганта все любят

(В) Посмотрите на фотографию. Сделайте подписи. Кто это? Какой он? Что он умеет?

И _ _ _ _ УРГАНТ
_ _ _ _ _ ВЕДУЩИЙ
МУ_ _ _ _ _ _ Т
ВЫ _ _ _ ИЙ
КР _ _ _ _ _ ЫЙ
У_ _ ЫЙ
ИН _ _ _ _ _ _ _ ЫЙ
ТАЛАНТ _ _ _ ЫЙ

СЛУШАЕМ И ПИШЕМ

 1.13.

(А) Послушайте текст.
(Б) Напишите диктант.

_____
_____
_____
_____
_____
_____

🎵 СЛУШАЕМ ПЕСНЮ

 1.14.

(А) Послушайте песню. Какая это песня: весёлая или грустная, быстрая или медленная, красивая или некрасивая? Вам нравится эта песня?

(Б) Послушайте песню ещё раз. Заполните пропуски.

Скажите, _____ _____ _____?
БУ - _____ - ТИ - _____!

УРОК 1 ЗНАКОМСТВО

ЛИНГВОСТРАНОВЕДЧЕСКИЙ КОММЕНТАРИЙ

Буратино — главный герой сказки А.Н. Толстого «Золотой ключик, или приключения Буратино» (1936 г). Эта сказка была написана А.Н. Толстым по мотивам сказки итальянского писателя Карла Коллоди «Пиноккио». Но надо отметить, что между итальянским Пиноккио и русским Буратино существует разница. У Буратино не удлиняется нос, когда он обманывает, Буратино с трудом поддаётся перевоспитанию и не превращается в мальчика в конце сказки, Буратино доверчивый простачок, но при этом он решителен, любопытен, добр и готов прийти на помощь страдающим и обездоленным. Узнать Буратино по внешнему виду просто — это деревянный человечек с длинным носом, на голове которого полосатый колпак, а в руках — золотой ключик.

В 1975 году был снят музыкальный фильм «Приключения Буратино», который стал культовым. Многие песни из этого художественного фильма, как и песня «Бу-ра-ти-но», которая открывает его, широко известны и любимы и в наши дни.

Образ самого Буратино получил большую популярность среди русских ещё в советское время. Буратино стал любимой детской игрушкой, героем детских телепередач, персонажем букварей и азбук. Вряд ли найдётся сегодня человек во всей России, который не смог бы сказать, кто такой Буратино.

国情背景知识注释

布拉基诺是阿·托尔斯泰写于1936年的童话故事《布拉基诺奇遇记》的主人公。这篇童话故事改编自意大利作家卡尔罗·科罗迪的《匹诺曹(木偶奇遇记)》。布拉基诺外形很有特点，他是一个长鼻子的木头人，头上戴着条纹帽，手里拿着金钥匙。与匹诺曹不同，布拉基诺撒谎时鼻子并不变长，他经历了艰难的自我改造过程，但最终没能变成一个小男孩儿。布拉基诺为人单纯、信任他人、善良热心、好奇果断。布拉基诺的形象从苏联时代起就为俄罗斯人尤其是孩子们所喜爱，成为孩子们的玩具、电视节目和识字课本的主人公。他的形象在俄罗斯可以说妇孺皆知。1975年拍摄的音乐片《布拉基诺奇遇记》是一部经典的俄罗斯影片，歌曲广为传唱，至今脍炙人口，片头曲《布拉基诺》就是其中著名的一首。

УРОК 2 СЕМЬЯ

 СЛУШАЕМ И ВСПОМИНАЕМ

听录音请扫二维码

(А) Слушайте слова. Повторяйте за диктором только слова темы «Семья». Не повторяйте слова темы «Профессии».

(Б) Слушайте слова темы «Семья». Повторяйте за диктором только те слова, которые обозначают мужчин. Не повторяйте слова, которые обозначают женщин.

Послушайте вопросы. Напишите ответы.

(1) _____

(2) _____

(3) _____

(4) _____

(5) _____

СЛУШАЕМ И СЛЫШИМ

2.3.

Послушайте слова. Что вы слышите? Подчеркните то, что вы слышите.

(1) Братья — брат и я (2) Сын — с ним

(3) Дочери — до вечера (4) Мама с сыном — мама с Ниной

(5) Семья — с ними я

(6) Люблю её семью — люблю её саму

(7) Живу с мамой — живу сам (8) Он и жена — он не женат

2.4.

(А) Послушайте слова. Какое число вы слышите — единственное или множественное?

(1) Медсестра — медсёстры (2) Учитель — учителя

(3) Инженер — инженеры (4) Муж — мужья

(5) Жена — жёны (6) Дедушка — дедушки

(7) Сестра — сёстры (8) Брат — братья

(Б) Послушайте предложения. Какой падеж у слов вы слышите — **1, 2, 3, 4, 5** или **6** ?

(1) брат - (2) папа - (3) жених - (4) муж -
(5) девочка - (6) сестра - (7) жена - (8) тётя -
(9) учитель - (10) внучка - (11) врач - (12) дядя -

2.5.

Послушайте предложения. Вы слышите то, что написано (√), или нет (×)?

(1) Познакомьтесь, это — семья Поповых. ×

(2) Самый старший член семьи — Владимир Иванович. _____

(3) Они поженились 45 лет назад. _____

(4) У них родилось двое детей — Антон и Анна. _____

(5) У Анны Владимировны только один ребёнок. _____

(6) Через два года у него юбилей — 70 лет. _____

(7) Елена Петровна младше своего мужа на 3 года. _____

(8) Брат Елены Поповой — муж дочери Анны Ивановой. _____

2.6.

Послушайте предложения. Сколько в них слов?

НАПРИМЕР: У меня семья — семь братьев и я. *(7 слов)*

| (0) | (1) | (2) | (3) | (4) | (5) | (6) | (7) | (8) |

7.

СЛУШАЕМ ДИАЛОГИ

2.7.

Диалог 1. Сколько человек у вас в семье?

(А) Соедините слова и выражения (I) с их значением (II).

I. Слова и выражения диалога	II. Значение, объяснение
(1) У нас в семье...	(А) К сожалению...
(2) Санкт-Петербург	(Б) город в Китае на берегу Жёлтого моря
(3) Далянь	(В) город в России на реке Нева
(4) Жаль, что...	(Г) В нашей семье...

16

УРОК 2 СЕМЬЯ

(Б) Послушайте Диалог 1.

(В) Ответьте на вопросы.

(1) Кто разговаривает?
(2) Где они разговаривают?
(3) О чём они разговаривают?

Семья Ян Мэй живёт в Даляне

Семья Наташи живёт в Петербурге

(Г) Сначала послушайте диалог ещё раз. Потом скажите, кто говорит эти предложения — Наташа или Ян Мэй.

Образец: *[НАТАША]* (1) Мы с тобой уже большие подруги, а я почти ничего не знаю о твоей семье. Где живёт твоя семья?

[_____] (...) У нас — четыре.

[_____] (...) Моя семья живёт в Даляне. А твоя?

[_____] (...) Отец, мать, старший брат и я.

[_____] (...) Сколько человек в вашей семье?

[_____] (...) Кто это?

[_____] (...) У нас в семье три человека: папа, мама и я. А у вас?

[_____] (...) Жаль, что у меня нет брата или сестры.

[_____] (...) У тебя большая семья! У тебя есть брат!

[_____] (...) А моя семья живёт в Санкт-Петербурге.

Теперь поставьте эти предложения в правильном порядке.

(Д) Да или нет?

(1) Семья Ян Мэй живёт в Даляне. (_____)
(2) В семье Ян Мэй четыре человека. (_____)
(3) Наташа приехала из Санкт-Петербурга. (_____)
(4) У Наташи есть старший брат. (_____)
(5) Ян Мэй не хочет ни брата, ни сестру. (_____)

(Е) Расскажите о семье Наташи. Начните свой рассказ так: *«Подругу Ян Мэй зовут Наташа. Семья Наташи...»*

2.8. Диалог 2. Кем работает твой отец?

(А) Соедините слова и выражения (I) с их значением (II).

I. Слова и выражения диалога	II. Значение, объяснение
(1) программист	(А) Я согласен! Мне очень нравится эта идея!
(2) фирма	(Б) что делают...? кем работают...?
(3) профессия	(В) Удивительно!
(4) престижный	(Г) человек, который составляет программы на компьютере
(5) зарабатывать	(Д) например: врач, преподаватель, космонавт, музыкант и т.д.
(6) чем занимаются...?	(Е) тот, который нужен
(7) Вот это да!	(Ж) тот, которого многие люди считают очень хорошим, высоко ценят
(8) закончить аспирантуру	(З) получать деньги за работу
(9) нужный	(И) компания
(10) С удовольствием!	(К) проучиться в институте 7 лет

(Б) Послушайте Диалог 2.

(В) Ответьте на вопросы.

(1) Где и кем работает отец Ян Мэй?
(2) Чем занимаются родители Наташи?
(3) У Наташи есть брат? Сколько ему лет?
(4) Брат Наташи учится или работает?

– Папа космонавт!

– Космонавт?! Вот это да!

(Г) Послушайте диалог ещё раз. Потом заполните пропуски в предложениях.

НАТАША: Кем работает твой _____?

ЯН МЭЙ: Он _____. Он работает в компьютерной фирме.

НАТАША: В России эта _____ очень престижная. Твой отец, наверное, хорошо _____. А где _____ твоя мать?

ЯН МЭЙ: Мать _____. Она очень любит свою _____. А чем занимаются _____?

НАТАША: Мама _____. А папа _____.

ЯН МЭЙ: _____? Вот это да! Сколько лет _____?

НАТАША: Ему исполнится _____ в следующем месяце.

ЯН МЭЙ: Он ещё _____?

НАТАША: Нет, в прошлом году он закончил _____. Сейчас он _____ в университете.

ЯН МЭЙ: У него _____ и _____ профессия.

НАТАША: Ян Мэй, давай поедем в субботу в _____ к нам в гости.

ЯН МЭЙ: _____!

(Д) Да или нет?

(1) Отец Ян Мэй - программист. Он работает в компьютерной фирме. (_____)

(2) В России программисты не очень хорошо зарабатывают. (_____)

(3) Мама Ян Мэй работает в больнице, но не врачом, а медсестрой. (_____)

(4) Мама Наташи — преподавательница. Брат Наташи тоже преподаватель. (_____)

(5) Брат Наташи учится в аспирантуре и преподаёт русский язык студентам. (_____)

(6) Папа Наташи — космонавт. Ян Мэй думает, что это обычная профессия. (_____)

(7) Сейчас брату Наташи 25 лет. (_____)

(8) В субботу Ян Мэй поедет в гости к Наташе и познакомится с её семьёй. (_____)

(Е) Расскажите о родителях Ян Мэй и Наташи, а также о старшем брате Наташи. Начните свой рассказ так: «*Родители Ян Мэй работают. Отец зарабатывает хорошо, потому что он...*»

2.9. Диалог 3. Это ваша семейная фотография?

(А) Соедините слова и выражения (I) с их значением (II).

I. Слова и выражения диалога	II. Значение, объяснение
(1) семейный	(А) ... семьи
(2) фотография	(Б) отличная оценка в русской школе
(3) больница	(В) милый, красивый
(4) пятёрка	(Г) фото, снимок
(5) поступать в вуз	(Д) тот, кого больше всего любят
(6) дипломат	(Е) Московский государственный институт международных отношений
(7) МГИМО	(Ж) человек, который работает за границей и старается, чтобы его страна и другая страна были друзьями
(8) любимец	(З) место, где работают врачи и медсёстры
(9) симпатичный	(И) сдавать экзамены в институт или университет

(Б) Послушайте Диалог 3.

(В) Ответьте на вопросы.

(1) Сколько человек в семье Сергея?
(2) Кто это?
(3) Кем работают его родители?
(4) Куда хочет поступать сестра Сергея?
(5) Кто в этой семье любимец?

Наташа и Сергей смотрят фотографии.

(Г) Сначала послушайте диалог ещё раз. Потом закончите реплики. Используйте ключевые слова (одно слово можно использовать несколько раз).

— Это ваша <u>семейная фотография</u>?
— Это мои _____

— А кто та девушка, рядом с твоей мамой?
— Это моя сестра _____

— Как она _____?
— Она учится_____

— В какой университет _____?
— В МГИМО. Она хочет _____.
— А кто _____?
— Это мой _____
— Какой он _____!

> родители больница
> семейная фотография
> на пятёрки поступать
> заканчивать школу
> начать ходить в школу
> мальчик любимец
> дипломат симпатичный
> учиться

(Д) Да или нет?

(1) Это школьная фотография Сергея. (_____)

(2) Родители Сергея работают в школе. (_____)

(3) Сестру Сергея зовут Тома. (_____)

(4) Сестра Сергея учится очень хорошо.(_____)

(5) Сестра Сергея учится в МГИМО. (_____)

(6) У Сергея есть старший брат. (_____)

(7) Брат Сергея только начал ходить в школу.(_____)

(Е) Разыграйте этот диалог. Один из вас – Наташа, другой – Сергей.

СЛУШАЕМ И ГОВОРИМ

2.10.

(А) Это семейное дерево Петровых. Послушайте текст о семье Петровых и заполните пропуски.

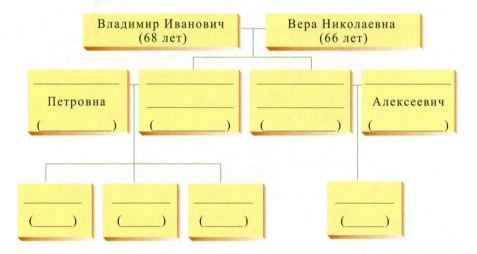

(Б) Составьте вопросы о семье Петровых. Каждый вопрос должен начинаться со слова «Кто?» Задайте их своему соседу по парте.

Образец: - *Кто женат на Елене Петровне?*

- *Антон Владимирович.*

- *Кто муж Веры Николаевны?*

- Владимир Иванович.

- *Кто старше Саши на два года?*

- Его сестра Таня.

(В) Игра «Отгадайте». Составьте полный рассказ об одном из членов семьи Петровых по образцу.

Образец: Он муж Веры Николаевны. Он отец Антона Владимировича и Анны Владимировны. Он дедушка Тани, Саши, Пети и Бориса. Скажите, как его зовут? (Его зовут Владимир Иванович)

Он внук Владимира Ивановича и Веры Николаевны. Он племянник Антона Владимировича и Елены Петровны. Он сын Анны Владимировны и Сергея Алексеевича. Он двоюродный брат Тани, Саши и Пети. Скажите, как его зовут? (Его зовут Борис)

🔊 СЛУШАЕМ ТЕКСТЫ

2.11.

(А) Послушайте Текст 1.

(Б) Послушайте вопросы. Выберите правильный вариант ответа – **А, Б, В** или **Г**.

Вопрос (1)

(А) четыре   (Б) три   (В) два   (Г) пять

Вопрос (2)

(А) на пять лет   (Б) на четыре года

(В) на шесть лет   (Г) на три года

Вопрос (3)

(А) в небольшом городке   (Б) в деревне около Москвы

(В) в Москве   (Г) в Санкт-Петербурге

Вопрос (4)

(А) сам Павел (Б) Николай

(В) Таня (Г) Андрей Петрович

Вопрос (5)

(А) учителем истории (Б) учителем английского языка

(В) библиотекарем в школе (Г) врачом

Вопрос (6)

(А) десять лет назад (Б) девять лет назад

(В) восемь лет назад (Г) пять лет назад

Вопрос (7)

(А) на историческом факультете (Б) на математическом факультете

(В) на физическом факультете (Г) на химическом факультете

Вопрос (8)

(А) танцами (Б) литературой

(В) музыкой (Г) спортом

(В) Послушайте текст ещё раз. Закончите предложения.

(1) Семья Павла большая, потому что _____

_____

(2) Семья Павла дружная, потому что _____

_____

(3) Семья Павла счастливая, потому что _____

_____

(А) Послушайте Текст 2 (часть 1).

(Б) Послушайте вопросы. Выберите правильный вариант ответа – А, Б, В или Г.

УРОК 2 СЕМЬЯ

Вопрос (1)

(А) звоню известным людям

(Б) иду в гости к известным людям

(В) читаю о семьях известных людей

(Г) смотрю фильм об известных людях

Вопрос (2)

(А) Владимира Путина

(Б) Владимира Владимирова

(В) Владимира Пукина

(Г) Владимира Фукина

Вопрос (3)

(А) большая семья

(Б) он холост

(В) небольшая семья

(Г) он женат, но у него нет детей

Вопрос (4)

(А) Кони

(Б) Катерина

(В) Мария

(Г) Людмила

Вопрос (5)

(А) недавно вышли замуж и занимаются семьёй

(Б) учатся в университете Санкт-Петербурга

(В) заканчивают школу

(Г) работают за границей

Вопрос (6)

(А) мои любимые женщины

(Б) мои самые дорогие

(В) мои родные люди

(Г) моя любовь, моё счастье

25

(В) Послушайте Текст 2 (часть 2).

(Г) Послушайте вопросы. Выберите правильный вариант ответа – **А, Б, В** или **Г**.

Вопрос (7)

(А) первый космонавт   (Б) первый президент

(В) известный спортсмен   (Г) известный бизнесмен

Вопрос (8)

(А) только сам Юра   (Б) Юра и его младшая сестра

(В) Юра и два брата-близнеца (Г) четверо детей

Вопрос (9)

(А) Как хорошо, что у меня нет сыновей!

(Б) Как жаль, что у меня нет братьев и сестёр!

(В) Как плохо, что у меня такая жена!

(Г) Как хорошо, что у нас была большая семья!

Вопрос (10)

(А) Саша Гагарин   (Б) Петя Гагарин

(В) Владимир Гагарин   (Г) Юра Гагарин

Вопрос (11)

(А) президентом   (Б) космонавтом

(В) программистом   (Г) врачом

(Д) Посмотрите на фотографии. Кто на них? Сделайте свои подписи.

Людмила, красавица-невеста

Владимир, счастливый жених

Свадьба

СЛУШАЕМ И ПИШЕМ

 2.13.

(А) Послушайте текст.

(Б) Напишите диктант.

🎵 СЛУШАЕМ ПЕСНЮ

 2.14.

(А) Послушайте песню. Какая это песня: спокойная или быстрая, красивая или некрасивая?

(Б) Кому в вашей семье вы бы спели эту песню: старшему брату, папе, младшей сестре, маме, кошке, ещё кому-нибудь?

(В) Послушайте песню ещё раз. Заполните пропуски.

(1) **Наши** _____ **самые—самые** _____ .

(2) **Наши** _____ **самые—самые** _____ .

(3) **Наши** _____ **самые—самые** _____ .

(4) **Наши** _____ **самые—самые** _____ .

ЛИНГВОСТРАНОВЕДЧЕСКИЙ КОММЕНТАРИЙ К ПЕСНЕ

Песню «Наши мамы самые красивые» особенно часто можно услышать в преддверии праздника 8 марта. 8 марта — Международный женский день, однако он широко отмечается далеко не во всех странах мира. В России 8 марта остаётся одним из любимейших и популярнейших праздников ещё с советского времени. Традиционно мальчики, юноши, мужчины поздравляют девочек, девушек, женщин с этим праздником, дарят им подарки, освобождают в этот день от домашних дел, готовят для них приятные сюрпризы. 8 марта — настоящий праздник женщин!

Наряду с женским днём в России также существует праздник мужчин. 23 февраля — День защитника Отечества. Хотя защитник Отечества — это солдат, защищающий свою Родину, 23 февраля поздравляют не только военных, а вообще всех мужчин — от мала до велика, так как все они были, есть или ещё будут защитниками своих матерей, жён, дочерей — своих семей, своего дома, своей Родины.

国情背景知识注释

在三八妇女节之际，俄罗斯人唱起《我们的妈妈最美丽》这首歌。在俄罗斯从苏联时代起三八妇女节就已成为全民最喜爱、最普及的节日之一。在这一天，按照传统男性向女性祝贺节日、赠送礼物，女人尽情享受男人的关爱，可以不做家务，接受男人为她们创造的各种惊喜。这是一个不折不扣的属于女性的节日。在俄罗斯，也有属于男性的节日——2月23日，祖国保卫者日。虽然祖国保卫者指的是保家卫国的士兵，但这个节日已经扩展为全体男性的节日，因为男性本身就是母亲、妻儿、家庭，乃至家园、祖国的保卫者。

УРОК 3　УЧЁБА

 СЛУШАЕМ И ВСПОМИНАЕМ

3.1.

Слушайте слова. Повторяйте за диктором только слова темы «Учёба». Не повторяйте слова темы «Город».

3.2.

Послушайте вопросы. Напишите ответы.

(1) _____

(2) _____

(3) _____

 СЛУШАЕМ И СЛЫШИМ

3.3.

Послушайте слова. Что вы слышите? Подчеркните то, что вы слышите.

(1) учиться — лечиться

УРОК 3 УЧЁБА

(2) домашнее задание — домашнее занятие

(3) у меня аспирантура — у меня температура

(4) ученики и учебники — учебники и ученики

(5) писатель с учебником — писать учебники

(6) учитель лечится — учительница

(7) две пары утром — нет пары утром

(8) экзамена нет — экзамен или нет

3.4.

Послушайте предложения. Какой падеж у слов вы слышите — **1, 2, 3, 4, 5** или **6**?

(1) университет — (2) институт — (3) экзамен — (4) студент —
(5) писатель — (6) учебник — (7) аудитория — (8) занятие —
(9) пара — (10) факультет — (11) литература — (12) библиотека —

3.5.

Послушайте предложения. Вы слышите то, что написано (√), или нет (×)?

(1) У меня вчера был экзамен по английскому языку. _____

(2) Я каждый день занимаюсь в аудитории. _____

(3) Я занимался у Олега дома. _____

(4) Я изучаю русский язык, не изучаю английский. _____

(5) Антон сидит с учебником в аудитории. _____

(6) Олег утром занимался, а вечером отдыхал. _____

(7) Таня с нами учится вместе. _____

(8) Вчера в библиотеке я читал учебник по литературе. _____

3.6.

Послушайте эти предложения. Сколько в них слов?

НАПРИМЕР: У меня экзамен, а у друга – нет. *(7 слов)*

(0)   (1)   (2)   (3)   (4)   (5)   (6)   (7)   (8)
7.

СЛУШАЕМ ДИАЛОГИ

3.7. Диалог 1. Кто куда поступил?

(А) Соедините слова и выражения (I) с их значением (II).

I. Слова и выражения диалога	II. Значение, объяснение
(1) конкурс	(А) Я согласен!
(2) отлично	(Б) Это хорошая новость! Я очень рад за тебя!
(3) молодец	(В) человек, который сделал что-то очень хорошо
(4) МГУ	(Г) Московский государственный университет
(5) Бауманский университет	(Д) человек, с которым ты учился в школе в одном классе
(6) собраться	(Е) очень хорошо, лучше всех
(7) одноклассник	(Ж) сколько человек на одно место (в этот институт, на этот факультет, на эту работу и т.п.)
(8) Я – за!	(З) встретиться, устроить вечер
(9) МИФИ	(И) Московский инженерно-физический институт
(10) Поздравляю!	(К) Московский государственный технический университет имени Баумана

(Б) Послушайте Диалог 1.

(В) Ответьте на вопросы.

(1) Кто разговаривает?
(2) В каком университете учится Катя?
(3) Благодаря чему Катя поступила в этот университет?
(4) Кто такие Виктор и Олег?
(5) Саша тоже стал студентом?

УРОК 3 УЧЁБА

(Г) Сначала послушайте диалог ещё раз. Потом скажите, кто говорит эти предложения – Саша или Катя.

Образец: [__КАТЯ__] (1) Саша!

[_____] (...) Я – за! Нам надо встретиться.

[_____] (...) Это ты, Катя? Все ребята уже знают, что ты студентка МГУ! А трудно было поступить?

[_____] (...) Давайте соберёмся когда-нибудь.

[_____] (...) Поздравляю! Пока!

[_____] (...) Конечно, нелегко. У нас конкурс был 7 человек на место.

[_____] (...) Они молодцы. Виктор учится в Бауманском университете, а Олег изучает сейчас французский язык в МПГУ.

[_____] (...) А сейчас я побегу на занятия! Пока. Ведь я поступил в МИФИ, как и хотел.

[_____] (...) Но ты ведь английский отлично знаешь. Я знал, что ты поступишь. А как наши ребята - Виктор, Олег?

Теперь поставьте предложения в правильном порядке.

(Д) Да или нет?

(1) Ещё не все ребята знают, что Катя поступила в МГУ. (_____)

(2) Саша лучше всех знает английский язык. (_____)

(3) Саша и Катя учатся в одном университете. (_____)

(4) Олег изучает немецкий язык. (_____)

(5) Виктор учится в Бауманском университете. (_____)

(6) Одноклассники хотят встретиться, потому что интересно узнать, кто куда поступил. (_____)

(Е) Вы Саша. Вы рассказываете о встрече с Катей своему однокласснику Максиму. Начните свой рассказ так: *«Привет, Максим! Я сегодня видел Катю. Ты уже знаешь, что она учится в МГУ? Все знают...»*

33

3.8. Диалог 2. Не ходите на эту лекцию!

(А) Соедините слова и выражения (I) с их значением (II).

I. Слова и выражения диалога		II. Значение, объяснение
(1) блюдо		(А) Вы знаете?
(2) вы слышали?		(Б) Я думаю, вам надо (сделать что)
(3) лекция		(В) например: рис и курица, суп, яйца с помидорами
(4) профессор		(Г) занятие, на котором преподаватель рассказывает о чём-то, а студенты слушают и записывают
(5) аудитория		(Д) рассказать что-то, о чём знаю только я
(6) я советую вам (сделать что)		(Е) комната для занятий в институте или университете
(7) открыть секрет		(Ж) преподаватель в университете

(Б) Послушайте Диалог 2.

(В) Ответьте на вопросы.

(1) Сколько человек разговаривает?
(2) Где они разговаривают?
(3) О чём они разговаривают?
(4) Что один человек советует другому?
(5) Почему другой человек должен идти на эту лекцию?

(Г) Сначала послушайте диалог ещё раз. Потом заполните пропуски в предложениях.

— Извините, можно я сяду с вами?

— _____. Какой вкусный _____ сегодня в нашей _____!

— Да! Блюда прекрасные!

УРОК 3 УЧЁБА

— Вы слышали, сегодня после обеда будет _____?

— Да, слышал. Она будет в _____ в аудитории _____.

— Я советую вам _____ на эту лекцию.

— _____? Почему?

— Эта лекция совсем _____. Профессор Панов не будет рассказывать ничего нового.

— Нет, я думаю, _____ на эту лекцию.

— Не ходите! Аудитория очень _____ — только _____ мест.

— И всё-таки я _____ на эту лекцию.

— Не ходите! Я открою вам _____: профессор Панов ещё молод и плохо _____.

— Но я _____ пойти. Я _____.

(Д) Да или нет?

(1) Два человека разговаривают по телефону. (_____)

(2) Обед в столовой сегодня очень вкусный. (_____)

(3) После обеда в два часа в аудитории 104 будет лекция профессора Панова. (_____)

(4) Студентка говорит, что аудитория очень большая. (_____)

(5) Студентка говорит, что профессор Панов хороший лектор. (_____)

(6) Студентка говорит, что профессор Панов ещё молодой. (_____)

(7) Эта студентка была на всех лекциях профессора Панова. (_____)

35

(Е) Разыграйте этот диалог. Один из вас — студент, другой — профессор Панов.

3.9. Диалог 3. Какие предметы вы проходите?

(А) Соедините слова и выражения (I) с их значением (II).

I. Слова и выражения диалога	II. Значение, объяснение
(1) предмет	(А) занятие, на котором студенты изучают звуки, ударение, интонацию
(2) проходить (предмет)	(Б) например: математика, история, литература.
(3) фонетика	(В) большая работа, которую пишут студенты, которые оканчивают вуз
(4) грамматика	(Г) занятие, во время которого бегают, прыгают, делают спортивные упражнения, играют в футбол, баскетбол, теннис
(5) практика	
(6) устная речь	(Д) занятие, на котором изучают страну, её культуру, её обычаи и традиции
(7) письменная речь	(Е) изучать (предмет)
	(Ж) занятие, на котором студенты изучают грамматические правила и делают грамматические упражнения
(8) физкультура	
(9) страноведение	(З) письмо
	(И) говорение
(10) дипломная работа	(К) тренировка

(Б) Послушайте Диалог 3.

(В) Ответьте на вопросы.

> (1) Когда Наташа поступила в институт иностранных языков?
> (2) Какие предметы Наташа проходит в институте?
> (3) Чем занимаются на старших курсах в институте иностранных языков?
> (4) Что советуют преподаватели студентам?
> (5) Что самое главное, когда изучаешь иностранный язык?

(Г) Сначала послушайте диалог ещё раз. Потом закончите реплики. Используйте ключевые слова (одно слово можно использовать несколько раз).

— Наташа, ты учишься в _институте иностранных языков_?

— Да, _____.

— Скажи, какие _____?

— По китайскому языку - _____
_____

советовать	~~институт~~
учиться	больше
предметы	первый
фонетика	грамматика
практика	история
литература	страноведение
перевод	дипломная работа
~~иностранный язык~~	

— А что ещё у вас есть?

— Ещё _____

А на старших курсах мы _____
_____

— Трудно _____?

— Было _____.

— Что _____?

— _____

— Да, когда _____
_____

37

(Д) Да или нет?

(1) Наташа второкурсница института иностранных языков. (____)

(2) Наташа изучает не только фонетику и грамматику, устную речь и письмо, но и занимается историей Китая, чтением и китайской литературой. (____)

(3) Учёба в институте всегда давалась Наташе легко. (____)

(4) Учиться на старших курсах труднее, чем на младших. (____)

(5) Чтобы хорошо говорить на иностранном языке, надо больше практиковаться. (____)

(Е) Вы Наташа. Расскажите о своей учёбе. Начните рассказ так: «Здравствуйте. Меня зовут Наташа. Недавно я поступила в институт иностранных языков...»

СЛУШАЕМ И ГОВОРИМ

3.10.

(А) Послушайте расписание занятий. Заполните пропуски.

ФАКУЛЬТЕТ РУССКОГО ЯЗЫКА РАСПИСАНИЕ ЗАНЯТИЙ НА ПЕРВЫЙ СЕМЕСТР ГРУППА 2009–03				
ДЕНЬ НЕДЕЛИ	ВРЕМЯ	ПРЕДМЕТ	АУДИТОР	ПРЕПОДАВАТЕЛЬ
ПН.	8.30 – 10.00 10.15 – 11.45	грамматика _____	405 407	Иванова А.П. Попова И.В.
ВТ.	8.30 – 10.00 13.15 – 14.45	_____ _____	_____ _____	Джордж Браун Ли Мин
СР.	_____ _____ _____	устная речь страноведение физкультура	_____ 401 _____	Соловьёв _____ Сергеев _____ Кутузов _____
ЧТ.	13.15 – 14.45 15.00 – 16.30	письменная речь _____	_____ _____	_____ Попова И.В.
ПТ.	_____ 15.00 – 16.30	_____ _____	_____ _____	Ли Мин Сергеев М.Ф.

(Б) Поговорите в парах. Узнайте, где, в котором часу и в какой аудитории будет занятие.

Образец: - *Скажи, пожалуйста, когда у нас китайский язык?*

- *Китайский язык в пятницу.*

-В какое время?

-В 10.15.

-А где у нас китайский язык?

-В аудитории 215.

- Спасибо.

СЛУШАЕМ ТЕКСТЫ

3.11.

(А) Послушайте Сообщение 1, Сообщение 2 и Сообщение 3.

(Б) Послушайте вопросы. Выберите правильный вариант ответа — **А, Б, В** или **Г**.

Вопрос (1)

(А) лекции по страноведению   (Б) лекции по русской литературе

(В) лекции по истории России   (Г) лекции по географии России

Вопрос (2)

(А) преподаватель уехал в командировку

(Б) преподаватель плохо себя чувствует

(В) преподаватель перепутал расписание

(Г) у преподавателя собрание

Вопрос (3)

(А) летом   (Б) зимой   (В) осенью   (Г) весной

Вопрос (4)

(А) в понедельник и вторник   (Б) с среду и четверг

(В) в субботу и воскресенье   (Г) в четверг и пятницу

Вопрос (5)

(А) китайское кунфу   (Б) студенческий театр

(В) русские танцы   (Г) китайские фильмы

Вопрос (6)

(А) днём и вечером   (Б) вечером и ночью

(В) только вечером   (Г) днём и ночью

Вопрос (7)

(А) все студенты второго курса

(Б) студенты, которые не сдали экзамен

(В) студенты, которые хотят ехать на учёбу за границу

(Г) студенты, которым не нравится их оценка

Вопрос (8)

(А) в аудитории 36, в 9 часов   (Б) в аудитории 6, в 10 часов

(В) в аудитории 306, в 10 часов   (Г) в аудитории 360, в 9 часов

(В) Послушайте сообщения ещё раз. Закончите предложения.

(1) Вы слышали новость? Сегодня не будет _____

_____

_____

(2) Вы слышали новость? Скоро в нашем университете _____

_____

_____

(3) Вы слышали новость? В конце этого месяца _____

_____

_____

3.12.

(А) Послушайте Текст 2.

(Б) Послушайте вопросы. Выберите правильный вариант ответа – **А, Б, В** или **Г**.

Вопрос (1)

(А) в письме
(Б) по Интернету
(В) по телефону
(Г) в разговоре за чашкой чая

Вопрос (2)

(А) Олегу, Тане и Маше
(Б) преподавательнице английского языка
(В) дедушке
(Г) папе и маме

Вопрос (3)

(А) ходил в кино на английский фильм
(Б) знакомился с красивыми девушками
(В) сдавал экзамен по английскому языку
(Г) ходил на дискотеку

Вопрос (4)

(А) у Олега новый хороший компьютер
(Б) у Олега много английских песен
(В) у Олега много интересных английских фильмов
(Г) он хотел позаниматься вместе с Олегом

Вопрос (5)

(А) она учится на одни пятёрки
(Б) она жила в Америке
(В) у неё есть друг из Англии
(Г) её дедушка американец

Вопрос (6)

(А) в библиотеку
(Б) на дискотеку
(В) в кино
(Г) на концерт

Вопрос (7)

(А) Игорь еле-еле сдал экзамен   (Б) Игорь не сдал экзамен

(В) Игорь сдал экзамен на «отлично»   (Г) Игорь проспал экзамен

(В) Послушайте текст ещё раз. Что делал Игорь перед экзаменом? Вы тоже так делаете?

(1) Перед экзаменом Игорь слушал _____.

   Я всегда / никогда не / тоже иногда _____.

(2) Перед экзаменом Игорь смотрел _____.

   Я всегда / никогда не / тоже иногда _____.

(3) Перед экзаменом Игорь _____ с друзьями.

   Я _____.

(4) Перед экзаменом Игорь познакомился _____.

   Я _____.

(5) Перед экзаменом Игорь ходил _____.

   Я _____.

(6) На экзамене Игорь _____.

   Я всегда / никогда не / тоже иногда _____.

СЛУШАЕМ И ПИШЕМ

3.13.

(А) Послушайте текст.

(Б) Напишите диктант.

_____
_____
_____
_____
_____
_____

УРОК 3 УЧЁБА

_____
_____
_____
_____

🎵 СЛУШАЕМ ПЕСНЮ

 3.14.

(А) Послушайте песню. Какая это песня — весёлая или грустная, быстрая или медленная? Кто поёт эту песню: мужчина, женщина или дети?

(Б) Послушайте песню ещё раз. Какие слова много раз повторяют в этой песне? Заполните пропуски.

Учат _____ _____ ,

_____ _____ _____

Учат _____ _____ .

ЛИНГВОСТРАНОВЕДЧЕСКИЙ КОММЕНТАРИЙ К ПЕСНЕ

Песня «Чему учат в школе» стала одной из самых популярных песен о школе и вызывает добрые чувства у людей нескольких поколений: и тех, кто давно окончил школу, и тех, кто ещё учится, и тех, кто ещё только собирается пойти в первый класс. Каждый год 1 сентября можно услышать эту песню. 1 сентября в России — День знаний, первый день занятий в школе после долгих летних каникул (летние каникулы в школах России длятся 3 месяца). Особенно памятным этот день должен стать для первоклассников. Первоклассники 1 сентября нарядны и взволнованы, в руках у них огромные букеты цветов для первой учительницы. Утром перед школой праздничное собрание — школьная линейка, на которой выступают родители и ученики, учителя и директор школы. Школьная линейка заканчивается тем, что старшеклассник усаживает себе на плечо первоклассницу, и она даёт Первый звонок. Затем звучит песня «Чему учат в школе», и старшеклассники ведут первоклассников в школу, вводят их в классы, усаживают за парты, дают наставления, желают успехов в учёбе.

国情背景知识注释

歌曲《学校教会我们许多》是最受俄罗斯人喜爱的歌唱学校的歌曲之一。这首歌不论是对毕业多年的人，还是对正在上学或即将入学的学生来说，都能唤起他们心中关于校园生活的美好感受。每年的9月1日，新学年开学第一天，也是俄罗斯的知识节，人们会唱起这首歌，尤其对于一年级小同学，这个节日更加难忘。这一天，神采飞扬、心情激动的小学生们手捧鲜花，献给他们的启蒙老师。清晨，学校门前举行老师、家长、学生共同参加的开学典礼，由一名高年级同学把一名一年级新生举上肩头敲响第一声上课铃，然后响起《学校教会我们许多》这首歌，歌声中高年级同学引领一年级同学进入学校、教室，开始他们的校园生活。

УРОК 4 РАБОЧИЙ ДЕНЬ

 СЛУШАЕМ И ВСПОМИНАЕМ

4.1.

Слушайте слова. Повторяйте за диктором только слова темы «Рабочий день». Не повторяйте слова темы «Выходной день».

4.2.

Послушайте вопросы. Напишите ответы.

(1) _____

(2) _____

(3) _____

(4) _____

 СЛУШАЕМ И СЛЫШИМ

4.3.

Послушайте слова. Что вы слышите? Подчеркните то, что вы слышите.

(1) в понедельник — по неделе

(2) вторник и среда — вторник и всегда

45

(3) в среду и в четверг — все мы в четверг

(4) Анна встает рано — рано встает Анна

(5) я не буду завтракать — я не буду завтра

(6) в пятницу в пять — в пятницу опять

(7) ты дома ужинал — ты с Томой ужинал

(8) обедать не дома — обедать с ним дома

4.4.

Послушайте слова. Какое время глагола вы слышите — настоящее (сейчас), прошедшее (раньше) или будущее (потом)?

(1) делать зарядку -   (2) вставать рано -   (3) умываться -

(4) чистить зубы -   (5) ходить по магазинам -   (6) опоздать на работу -

(7) обедать в столовой -   (8) смотреть телевизор -   (9) приглашать гостей -

(10) ужинать дома -   (11) делать работу по дому -   (12) ложиться спать -

4.5.

Послушайте предложения. Вы слышите то, что написано (√), или нет (×)?

(1) Мы не сдали экзамен по русской литературе._____

(2) Сначала мы умываемся, потом завтракаем. _____

(3) Иван занимается в аудитории, потом идёт в столовую. _____

(4) У меня экзамен, я не могу читать учебник. _____

(5) Вечером мы пригласили домой гостей. _____

(6) В аудитории много студентов, они учатся. _____

(7) В библиотеке — я и он. _____

(8) В университете студентов не очень много. _____

4.6.

Послушайте предложения. Сколько в них слов?

НАПРИМЕР: Каждый день я встаю рано. *(5 слов)*

(0)   (1)   (2)   (3)   (4)   (5)   (6)   (7)   (8)

5.

УРОК 4 РАБОЧИЙ ДЕНЬ

СЛУШАЕМ ДИАЛОГИ

 Диалог 1. Пора вставать!

(А) Соедините слова и выражения (I) с их значением (II).

I. Слова и выражения диалога		II. Значение, объяснение
(1) пора (делать что)		(А) Быстрее (делай что)! Я жду!
(2) молоко, каша, хлеб		(Б) ты должен
(3) скорее (делай что)		(В) это обычный русский завтрак
(4) нельзя		(Г) Ты не можешь сделать этого!
(5) тебе обязательно надо		(Д) время (делать что)

(Б) Послушайте Диалог 1.

(В) Ответьте на вопросы.

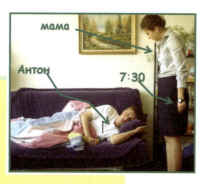

(1) Кто разговаривает?
(2) Где они находятся?
(3) Какое слово мама повторяет всё время?
(4) Антон собирается вставать?
(5) Почему Антон обязательно должен пойти в школу сегодня?

(Г) Сначала послушайте диалог ещё раз. Потом заполните пропуски в предложениях.

МАМА: Антон, пора _____! Уже _____!

АНТОН: Уже? Мама, ну _____. Можно?

МАМА: Антон, Пора _____! _____ уже на столе: молоко, каша, хлеб.

АНТОН: Мама, я хочу _____. Я не могу _____.

МАМА: Антон, пора _____! Надо умываться, _____ зубы и делать _____!

АНТОН: Ещё _____. Через _____ я встану.

МАМА: Антон, каша уже _____. Скорее вставай! Ты _____ в школу!

АНТОН: Мама, можно я _____ сегодня в школу? Можно я сегодня останусь в своей кровати, _____?

МАМА: Антон, _____! Тебе _____ не ходить в школу.

АНТОН: Почему? Я не хочу _____...

МАМА: Тебе обязательно надо идти в школу! Вставай! Ты уже не _____. Тебе _____. Ты _____ школы.

(Д) Да или нет?

(1) Мама будит дочь, но не может разбудить. (_____)

(2) Завтрак уже готов. На столе молоко, хлеб, каша. (_____)

(3) Мама боится, что Антон опоздает в школу. (_____)

(4) Антон учится в школе. (_____)

(5) Антону 14 лет. (_____)

(6) Мама не разрешает Антону остаться сегодня дома. (_____)

(7) Антон должен идти в школу, потому что сегодня у него встреча с директором. (_____)

(8) Антон любит поспать утром. (_____)

(Е) Разыграйте этот диалог. Один из вас — мама, а другой — Антон.

УРОК 4 РАБОЧИЙ ДЕНЬ

4.8. Диалог 2. Что вы едите на ужин?

(А) Соедините слова и выражения (I) с их значением (II).

I. Слова и выражения диалога	II. Значение, объяснение
(1) официант	(А) ≠ друг
(2) чуть-чуть	(Б) Конечно! Ты прав!
(3) вредно	(В) плохо
(4) совершенно верно	(Г) человек, который работает в ресторане или кафе
(5) меню	(Д) список блюд, которые есть в ресторане или кафе
(6) враг	(Е) немного, совсем мало
(7) Завтрак съешь сам, обед раздели с другом, а ужин отдай врагу.	(Ж) На завтрак надо есть много, на обед – половину, а на ужин – совсем мало.

(Б) Послушайте Диалог 2.

(В) Ответьте на вопросы.

(1) Кто разговаривает?
(2) Где они находятся?
(3) Что они собираются делать?
(4) Что говорит девушка о своём ужине?
(5) Она действительно ест на ужин не много?

(Г) Сначала послушайте диалог ещё раз. Потом скажите, кто говорит эти предложения — Наташа, Сергей или официант.

Образец: [*НАТАША*] *(1)* Здравствуй!

[_____] (...) Официант!

[_____] (...) Наконец-то ты пришла! Я так рад тебя видеть!

[_____] (...) Да? Что вы будете есть? Вот меню.

[_____] (...) Сейчас как раз половина шестого! Что ты будешь есть?

[_____] (...) Да, конечно. Говорят же: «Завтрак съешь сам, обед раздели

с другом, а ужин отдай врагу».

[_____] (...) Я буду есть совсем чуть-чуть. Ты знаешь, очень вредно для здоровья есть много на ужин.

[_____] (...) На ужин я обычно ем не много. Поэтому принесите мне, пожалуйста, немного хлеба, немного салата, немного картофеля с мясом, немного горячего супа, немного рыбы с рисом, немного мороженого и... чуть-чуть вина.

[_____] (...) Спасибо, что пригласил меня на ужин в этот ресторан. Ты знаешь, я обычно ужинаю часов в 5-6 и на ужин ем не много.

[_____] (...) Совершенно верно!

> Теперь поставьте предложения в правильном порядке.

(Д) Да или нет?

(1) У Наташи и Сергея свидание в ресторане. (_____)

(2) Сейчас половина второго — время обеда. (_____)

(3) Сейчас половина шестого. Наташа обычно не ужинает так рано. (_____)

(4) Наташа говорит, что есть много на ужин вредно для фигуры и для здоровья. (_____)

(5) Говорят: «Завтрак съешь сам, обед раздели с соседом, ужин отдай врагу». (_____)

(6) Сергей заказывает хлеб, салат, суп, картофель с мясом, рыбу с рисом, мороженое и вино. (_____)

(7) Наташа любит вкусно поесть. (_____)

(Е) Расскажите, что случилось в ресторане. Начните свой рассказ так:

«Сергей и Наташа сидят в кафе. У них свидание.»

УРОК 4 РАБОЧИЙ ДЕНЬ

4.9.

> Диалог 3. У меня дела с утра до вечера!
> Я занята с утра до вечера!

(А) Соедините слова и выражения (I) с их значением (II).

I. Слова и выражения диалога	II. Значение, объяснение
(1) сеанс	(А) работать в свободное время
(2) подрабатывать	(Б) не ходить на лекции
(3) семейный праздник	(В) показ фильма
(4) пропускать лекции	(Г) например: день рождения, новоселье, свадьба.
(5) пара	(Д) например: парень и девушка, жених и невеста, муж и жена.

(Б) Послушайте Диалог 3.

(В) Ответьте на вопросы.

(1) Кто разговаривает?
(2) Куда Саша хочет пригласить Наташу?
(3) Наташа может пойти с Сашей?
(4) Какие дела у Наташи с утра до вечера?
(5) Наташе нравится Саша?

(Г) Сначала послушайте диалог ещё раз. Потом закончите реплики. Используйте ключевые слова (одно слово можно использовать несколько раз).

— Наташа, я хочу <u>пригласить тебя в кино.</u>
_____

— Меня? А на какой _____?

— Это новый _____
_____

Пойдём вечером _____

— Извини, Саша, но _____
_____

> ~~пригласить~~   фильм
> семейный праздник   сеанс
> подрабатывать   дискотека
> бассейн   пожениться
> пропускать лекции
> прекрасная пара   занята
> перевод   дипломная работа
> с утра до вечера

51

— Ничего. Тогда давай _____

— К сожалению, Саша, _____

— Да, работа – это важно. Мы можем _____

— В 12 часов я _____

— А-а-а! Поздравляю! Тогда _____

— Что ты, Саша! _____

— Есть ещё один, последний, _____

— Нет, Саша. В 9 часов вечера _____

(Д) Да или нет?

(1) Сейчас в кинотеатрах идёт новый американский фильм. (_____)

(2) У Наташи дела с утра до вечера. (_____)

(3) Наташа не может пойти на утренний сеанс, потому что утром она работает. (_____)

(4) Днём Наташа обедает со своей семьёй, потому что у родителей Наташи сегодня серебряная свадьба. (_____)

(5) С 6 до 7 часов вечера Наташа занимается спортом. (_____)

(6) Наташа учится в школе, в старших классах. (_____)

(7) В 9 часов Наташа идёт на дискотеку. (_____)

(8) Наташа не хочет идти в кино с Сашей, потому что она больше любит танцевать. (_____)

(9) Наташа не хочет идти в кино с Сашей, потому что ей больше нравится Сергей. (_____)

(Е) Расскажите про день Наташи. Начните свой рассказ так: *«Обычно Наташа занята с утра до вечера. Наташа учится в университете. Каждое утро в 8 часов...»*

УРОК 4 РАБОЧИЙ ДЕНЬ

СЛУШАЕМ И ГОВОРИМ

4.10.

(А) Послушайте программу телепередач на среду, 7 марта. Отметьте время телепрограмм.

СРЕДА, 7 марта	
ВРЕМЯ	ТЕЛЕПЕРЕДАЧИ
6.30	программа «ДОБРОЕ УТРО, РОССИЯ!»
	НОВОСТИ
	программа «ЗДОРОВЬЕ»
	телесериал «МОСКВА – ЛЮБОВЬ МОЯ»
	НОВОСТИ
	программа для детей «ХОЧУ ВСЁ ЗНАТЬ!»
	документальный фильм «ПУТЕШЕСТВИЕ В КИТАЙ.»
	НОВОСТИ
	мультфильмы
	ток-шоу «ПУСТЬ ГОВОРЯТ»
	НОВОСТИ
	телесериал «МОСКВА – ЛЮБОВЬ МОЯ»
	телевикторина «КТО ХОЧЕТ СТАТЬ МИЛЛИОНЕРОМ?»
	НОВОСТИ
	программа для детей «СПОКОЙНОЙ НОЧИ, МАЛЫШИ!»
	концерт к празднику «8 марта»
	фильм «ВЕСНА В НАШЕМ ГОРОДЕ»
	Футбол. РОССИЯ – АНГЛИЯ.

(Б) Назовите время каждой телепередачи. Используйте разные варианты.

Образец: *6.30 – шесть часов тридцать минут; половина седьмого*

(В) Скажите, какую телепрограмму вы хотите посмотреть завтра? Вы сможете это сделать?

Образец: *Я очень хочу посмотреть программу «ЗДОРОВЬЕ». Она начинается в 9.15, а заканчивается в 10.30. В это время у меня есть дела – я на занятиях в институте / В это время я свободен. Я смогу посмотреть эту программу.*

!!! ОБРАТИТЕ ВНИМАНИЕ !!!

ТЕЛЕПРОГРАММА = ТЕЛЕПЕРЕДАЧА = ПРОГРАММА = ПЕРЕДАЧА

СЛУШАЕМ ТЕКСТЫ

4.11.

(А) Послушайте Текст 1.

(Б) Послушайте вопросы. Выберите правильный вариант ответа – А, Б, В или Г.

Вопрос (1)
(А) 17 лет   (Б) 67 лет   (В) 70 лет   (Г) 77 лет

Вопрос (2)
(А) долгий сон   (Б) хороший завтрак
(В) открытое окно   (Г) утренняя зарядка

Вопрос (3)
(А) в восемь часов, в двенадцать часов, в пять часов

(Б) в семь часов, в час, в шесть часов

(В) в половине седьмого, в два часа, в восемь часов

(Г) в шесть утра, в двенадцать, в шесть вечера

Вопрос (4)
(А) на завтрак — чуть-чуть, на обед - очень много, на ужин — не очень много и не очень мало

(Б) на завтрак — немного, на обед — немного, на ужин — тоже немного

(В) на завтрак — много, на обед — много, на ужин — тоже много

(Г) на завтрак — много, на обед — меньше, на ужин — мало

Вопрос (5)
(А) гулять перед сном   (Б) много есть
(В) много спать   (Г) делать утреннюю зарядку

УРОК 4 РАБОЧИЙ ДЕНЬ

Вопрос (6)

(А) читать интересные книги

(Б) дышать свежим воздухом на улице

(В) слушать тихую музыку

(Г) петь песни своим внукам

Вопрос (7)

(А) Я самая здоровая, самая красивая и самая молодая бабушка? Не может быть!

(Б) Я самая здоровая, самая красивая, самая молодая бабушка в мире!

(В) Я самая здоровая, самая красивая, хотя и не самая молодая бабушка в мире!

(Г) Я не самая здоровая, не самая красивая, не самая молодая бабушка в мире, но я счастливая бабушка.

(В) **Какие секреты бабушки вы узнали? Закончите предложения.**

<u>Секрет 1:</u> Надо делать _____

<u>Секрет 2:</u> Надо завтракать, обедать и ужинать _____

<u>Секрет 3:</u> Надо есть на завтрак _____

<u>Секрет 4:</u> Надо больше _____ , например, после обеда.

<u>Секрет 5:</u> Перед сном надо _____

<u>Секрет 6:</u> Надо говорить себе _____

4.12.

(А) **Послушайте текст 2.**

(Б) **Послушайте вопросы. Выберите правильный вариант ответа — А, Б, В или Г.**

Вопрос (1)

(А) понедельник — день тяжёлый (Б) выходной день

(В) суббота (Г) каникулы

Вопрос (2)

(А) в половине седьмого (Б) в половине восьмого

(В) в девять часов (Г) в десять часов

Вопрос (3)

(А) сделаю зарядку (Б) уберу кровать

(В) съем лёгкий завтрак (Г) позвоню подругам

Вопрос (4)

(А) в половине первого (Б) в двенадцать часов

(В) в четверть двенадцатого (Г) в час дня

Вопрос (5)

(А) недолго

(Б) пока у меня не кончатся деньги

(В) только до обеда

(Г) очень долго

Вопрос (6)

(А) на маленькой улице в центре города

(Б) на маленькой улице около университета

(В) в большом известном ресторане Даляня

(Г) в столовой нашего университета

УРОК 4 РАБОЧИЙ ДЕНЬ

Вопрос (7)

(А) в Интернет-кафе писать письмо

(Б) на свидание с моим другом

(В) в аудиторию делать домашнее задание

(Г) в библиотеку читать новые книги

(В) Послушайте текст ещё раз. Чем выходной день студентки отличается от рабочего? Закончите предложения.

(1) В выходной день утром можно спать до _____

(2) В выходной день можно не делать _____

(3) В выходной день можно поехать _____

(4) В выходной день можно долго ходить _____

(5) В выходной день вечером можно поужинать _____

(6) В выходной день вечером можно _____

(7) В выходной день _____

СЛУШАЕМ И ПИШЕМ

4.13.

(А) Послушайте текст.

(Б) Напишите диктант.

 СЛУШАЕМ ПЕСНЮ

4.14.

(А) Послушайте известную русскую песню. Как вы думаете, когда можно услышать эту песню: когда мы делаем зарядку, когда мы идём в институт, когда мы обедаем, когда мы ложимся спать?

(Б) Какие слова часто повторяют в этой песне? Как вы думаете, что они означают? Кто, кому и когда их говорит?

(В) Послушайте песню ещё раз. Заполните пропуски в предложениях.

(1) _____, должны все люди ночью _____.
_____, завтра будет день _____.

(2) **За день мы устали очень**
Скажем всем «_____»!

(3) **Глазки закрывай, _____!**

ЛИНГВОСТРАНОВЕДЧЕСКИЙ КОММЕНТАРИЙ К ПЕСНЕ

Передача «Спокойной ночи, малыши!» — уникальное явление на русском телевидении. Программа существует с сентября 1964 года. Она никогда не переставала выходить в эфир и всегда была популярна не только среди детей, но и среди их родителей. Передача идёт каждый день вечером с 21.45 до 22.00. Ведут передачу куклы (поросёнок Хрюша, заяц Степашка, ворона Каркуша, пёс Филя и др.) и их взрослые наставники — известные актёры и актрисы, которые исполняют в передаче роли «мам», «пап», «друзей», «учителей». Они учат кукол и ребят, как можно поступать, а как поступать нельзя, что хорошо, а что плохо, отвечают на их многочисленные вопросы и помогают решать самые разные проблемы. В конце программы ребятам обязательно показывают короткий мультфильм. У программы «Спокойной ночи, малыши!» есть свой голос — своя уникальная песенка «Спят усталые игрушки», которая убаюкивает уже третье поколение малышей в России. Слова песни «Баю-бай, должны все люди ночью спать, Баю-баю, завтра будет день

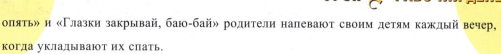

опять» и «Глазки закрывай, баю-бай» родители напевают своим детям каждый вечер, когда укладывают их спать.

国情背景知识注释

"宝宝晚安"是俄罗斯的一档电视节目，播放时间在每晚9点45分到10点，开办于1964年，几十年来一直深受孩子及家长的喜爱。节目主持人是几个可爱的玩偶及扮演家长、老师、朋友的演员，他们教给小朋友们什么该做、什么不该做、什么好、什么不好。节目结束时会播放一段动画片。"宝宝晚安"的标志性歌曲叫《玩儿累了的玩具睡觉觉》。在它的陪伴下，俄罗斯的宝宝们进入甜美的梦乡。父母在哄孩子睡觉时也常常唱起这首好听的歌儿。

УРОК 5 НОВАЯ КВАРТИРА

 СЛУШАЕМ И ВСПОМИНАЕМ

 5.1.

Слушайте слова. Повторяйте за диктором только слова темы «Квартира». Не повторяйте слова темы «Обед».

 5.2.

Послушайте вопросы. Напишите ответы.

(1) _____

(2) _____

(3) _____

(4) _____

(5) _____

УРОК 5 НОВАЯ КВАРТИРА

СЛУШАЕМ И СЛЫШИМ

5.3.

Послушайте слова. Что вы слышите? Подчеркните то, что вы слышите.

(1) в квартире комната — четыре комнаты

(2) приходить на новоселье — приходите к нам, соседи

(3) они в каком районе — ни в каком районе

(4) стоите на балконе — стоит она на балконе

(5) в гостиной два дивана — в гостиной до дивана

(6) туалета нигде нет — туалет или нет

(7) у шкафа диван — у шкафа и ванной

(8) в гостиной гости — они не в гости

5.4.

Послушайте слова. Какой падеж у слов вы слышите – **1, 2, 3, 4, 5** или **6**?

(1) квартира -	(2) новоселье -	(3) район -
(4) гостиная -	(5) ванная -	(6) балкон -
(7) диван -	(8) кресло -	(9) туалет -
(10) кровать -	(11) спальня -	(12) шкаф -

5.5.

Послушайте предложения. Вы слышите то, что написано (√), или нет (×)?

(1) Это спальня, а вот — родители. _____

(2) В ней не стоит большая кровать. _____

(3) Маленькие дети любят прыгать на кровати. _____

(4) Справа от кровати стоит лампа. _____

(5) Мой папа плохой, он спит ночью. _____

(6) Антон включил лампу и читает. _____

(7) На столе стихи моей мамы. _____

(8) Окно очень большое. _____

5.6.

Послушайте предложения. Сколько в них слов?

НАПРИМЕР: Каждый день я встаю рано. *(6 слов)*

(0)   (1)   (2)   (3)   (4)   (5)   (6)   (7)   (8)

6.

 СЛУШАЕМ ДИАЛОГИ

5.7.

Диалог 1. Куда мы поставим телевизор?

(А) Соедините слова и выражения **(I)** с их значением **(II)**.

I. Слова и выражения диалога	II. Значение, объяснение
(1) переехать	(А) это самое лучшее место для (чего-то)
(2) поставить (что куда)	(Б) Хорошая идея!
(3) здесь (чему) самое место	(В) поместить вещь в какое-то место
(4) правильно	(Г) так, как должно быть
(5) Отлично!	(Д) уехать с одного места и приехать жить в другое место

(Б) Послушайте Диалог 1.

(В) Ответьте на вопросы.

(1) Сколько человек разговаривает?
(2) Где они разговаривают?
(3) Почему они очень рады?
(4) Что они сейчас делают?
(5) Что есть в их новой квартире?

В новой квартире

УРОК 5 НОВАЯ КВАРТИРА

(Г) Сначала послушайте диалог ещё раз. Потом заполните пропуски в предложениях.

МУЖ: Я так рад, что мы _____ в новую квартиру!

ЖЕНА: Я тоже _____!

МУЖ: Вот наш _____. Куда мы его _____?

ЖЕНА: Давай поставим его в _____, справа от двери.

МУЖ: Давай. Здесь ему _____.

ЖЕНА: А куда мы _____ твой письменный _____?

МУЖ: Его мы поставим в мой _____. И на него поставим _____.

ЖЕНА: Правильно! Ой, наша _____!

МУЖ: Поставим её у окна, _____.

ЖЕНА: Отлично! Там ей самое место. А вот и _____. Куда мы его _____?

МУЖ: Конечно, в _____.

ЖЕНА: Почему в _____? Давай _____ его на _____!

(Д) Да или нет?

(1) Муж и жена празднуют новоселье. (_____)

(2) У них большая квартира, в которой есть гостиная, кабинет, спальня. (_____)

(3) Они поставили диван в кабинете. (_____)

(4) Они поставили большую кровать у окна в спальне. (_____)

(5) Они поставили письменный стол и компьютер на кухне. (_____)

(6) Они не знают, куда поставить телевизор. (_____)

(7) Муж хочет поставить телевизор в комнату жены, а жена — в комнату мужа. (_____)

(Е) Разыграйте этот диалог и закончите его. Один из вас — муж, другой — жена. Куда вы поставите телевизор?

5.8. Диалог 2. С новосельем!

(А) Соедините слова и выражения (I) с их значением (II).

I. Слова и выражения диалога	II. Значение, объяснение
(1) светлый	(А) тот, в котором много света; не тёмный
(2) тихий	(Б) спокойный, негромкий, не-шумный
(3) зелёный	(В) удобный и приятный
(4) подарок	(Г) модный, новый, не старый
(5) повесить	(Д) тот, в котором много деревьев
(6) уютный	(Е) поместить на стене
(7) современный	(Ж) то, что мы дарим другим людям

(Б) Послушайте Диалог 2.

(В) Ответьте на вопросы.

(1) Кто и где разговаривает?
(2) Наташа в первый раз в этой квартире?
(3) Какая это квартира? Какой это район?
(4) Какие комнаты есть в квартире?
(5) Какой подарок принесла Наташа?
(6) Почему Наташа принесла подарок?

(Г) Сначала послушайте диалог ещё раз. Потом скажите, кто говорит эти предложения — Наташа или Катя.

Образец : [*НАТАША*] *(1)* Здравствуй, Катя! С новосельем!

[_____] (...) Спасибо! С удовольствием!

[_____] (...) Да, и район тихий и зелёный. Нам здесь очень нравится.

[_____] (...) Какая у вас красивая и современная кухня!

[_____] (...) Отличная идея! У вас гостиная очень уютная. А что там?

[_____] (...) Там наша спальня, здесь комната сына. А это моё

УРОК 5 НОВАЯ КВАРТИРА

любимое место — кухня.

[_____] (...) Ой, я совсем забыла. У меня есть подарок. Это красивая картина в вашу новую квартиру.

[_____] (...) Какая большая! Какая светлая!

[_____] (...) Большое спасибо! Мы повесим её здесь, в гостиной.

[_____] (...) Спасибо! Проходи, пожалуйста! Вот наша новая квартира.

[_____] (...) Мне тоже очень нравится. Сейчас мы будем обедать. Прошу к столу.

> Теперь поставьте предложения в правильном порядке.

(Д) Да или нет?

(1) *Катя поздравляет Наташу с новосельем.* (_____)

(2) *Новая квартира большая и светлая, находится в тихом и зелёном районе.* (_____)

(3) *В квартире три комнаты - гостиная, спальня и столовая.* (_____)

(4) *Наташа говорит, что гостиная не очень уютная, потому что в ней нет картины.* (_____)

(5) *Кате очень нравится кухня в новой квартире, это её любимое место.* (_____)

(6) *Катя приглашает Наташу за стол.* (_____)

(Е) Расскажите про новую квартиру. Начните свой рассказ так: «*Недавно Катя и её семья переехали в новую квартиру. Это большая и светлая квартира в...*»

5.9. Диалог 3. Я хочу сказать тост!

(А) Соедините слова и выражения (I) с их значением (II).

I. Слова и выражения диалога	II. Значение, объяснение
(1) зал	(А) блюдо, которое кто-то готовит особенно хорошо
(2) вкусный	(Б) женщина, которая готовит и делает другие домашние дела
(3) фирменное блюдо	(В) большая комната
(4) хозяйка	(Г) сказать пожелания за праздничным столом, а потом выпить вина или водки
(5) сказать тост	(Д) тот, который любит принимать гостей
(6) гостеприимный	(Е) то, что приятно есть

(Б) Послушайте Диалог 3.

(В) Ответьте на вопросы.

(1) Где разговаривают Сергей и Катя?
(2) Что стоит на столе?
(3) Как Катя готовит?
(4) Что Сергей хочет сделать сначала?
(5) Какой тост говорит Сергей?

(Г) Сначала послушайте диалог ещё раз. Потом закончите реплики. Используйте ключевые слова (одно слово можно использовать несколько раз).

— Проходите, пожалуйста <u>в зал, садитесь за стол.</u> _____

— Большое спасибо! Какой _____
_____

— Да. Мы купили _____

стол   овощи   сок
переехать   рыба   водка
вкусный   мясо   вино
фирменное блюдо
хозяйка   тост
пирог с яблоками
положить   налить
гостеприимный

УРОК 5 НОВАЯ КВАРТИРА

— _____

— А сколько _____

— Ну, что вы! Не очень много. Вот _____

— Вы очень _____

— Спасибо. Что _____

— Сначала надо _____

— Да, конечно! Вот _____

— Немного водки. Я хочу _____

(Д) Да или нет?

(1) Сегодня у Кати день рождения, поэтому она пригласила гостей. (_____)

(2) В зале стоит большой и красивый стол, который подарила Кате бабушка. (_____)

(3) На столе много вкусного: салаты и овощи, мясо и рыба. (_____)

(4) Катя печёт пирог с яблоками очень хорошо. (_____)

(5) Сергей не пьёт вино и водку, потому что это вредно для здоровья. (_____)

(6) Сергей поднимает тост за гостеприимный дом. (_____)

(7) Катя хорошая хозяйка.(_____)

(Е) Разыграйте этот диалог. Один из вас — гость, а другой — хозяйка.

СЛУШАЕМ И ГОВОРИМ

5.10.

(А) Послушайте описание комнаты. Что есть в комнате?

(Б) Послушайте описание комнаты ещё раз. Нарисуйте, где что стоит в этой комнате.

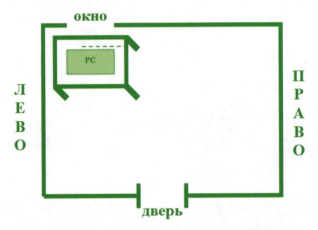

(В) Выберите один предмет в комнате. Не называйте его. Расскажите о нём: что с ним можно делать, где он находится и т.п. Пусть ваш одногруппник скажет, о каком предмете вы говорите.

Образец: *Это небольшой предмет. На нём лежат газеты и журналы. Он стоит перед диваном. Что это? — Это маленький столик.*

СЛУШАЕМ ТЕКСТЫ

5.11.

(А) Послушайте Текст 1.

(Б) Послушайте вопросы. Выберите правильный вариант ответа — **А, Б, В** или **Г**.

УРОК 5 НОВАЯ КВАРТИРА

Вопрос (1)

(А) папа программист, а мама врач

(Б) оба они бизнесмены

(В) оба они спортсмены

(Г) мама преподаватель, а папа экономист

Вопрос (2)

(А) в центральном районе   (Б) в северном районе

(В) за городом   (Г) в новом районе на окраине города

Вопрос (3)

(А) спортивная площадка и место для машин

(Б) детская площадка и небольшой парк

(В) детская площадка и место для машин

(Г) детский сад и гаражи для машин

Вопрос (4)

(А) на семнадцатом этаже   (Б) на пятом этаже

(В) на седьмом этаже   (Г) на пятнадцатом этаже

Вопрос (5)

(А) три комнаты   (Б) четыре комнаты

(В) пять комнат   (Г) шесть комнат

Вопрос (6)

(А) мне рассказывают соседи

(Б) я смотрю фотографии на стене

(В) я читаю об этих людях в Интернете

(Г) мне «рассказывают» вещи в квартире

Вопрос (7)

(А) мой друг   (Б) отец моего друга

(В) мама моего друга   (Г) вся семья

Вопрос (8)

(А) собирать хорошие фильмы

(Б) смотреть фильмы на английском языке

(В) смотреть интересные телепрограммы

(Г) делать фильмы о своей семье

Вопрос (9)

(А) потому что в гостиной большой стол и много стульев

(Б) потому что в гостиной большой телевизор и много DVD-фильмов

(В) потому что мама друга хорошая хозяйка, она говорит мне: «Садись за стол».

(Г) потому что квартира большая, в ней много места

Вопрос (10)

(А) потому что у них дома есть Интернет

(Б) потому что его родителей никогда нет дома и ему скучно

(В) потому что у них гостеприимный дом, меня часто приглашают

(Г) потому что я его сосед, живу с ним на одном этаже

(В) **Послушайте текст ещё раз. Сравните квартиру друга и вашу квартиру, семью друга и вашу семью. Используйте «и» или «а».**

Образец: *Их квартира находится в новом доме, а наша квартира — в старом доме. / Их квартира находится в новом доме. И наша квартира находится в новом доме.*

- дом
- район
- этаж
- Интернет
- лифт
- комнаты
- книги
- телевизор
- стол
- гости

УРОК 5 НОВАЯ КВАРТИРА

5.12.

(А) Послушайте Рекламу 1, Рекламу 2, Рекламу 3.

(Б) Поставьте в таблице «√», если реклама предлагает это.

МОЖНО	купить	квартира	центр	чистый воздух, природа	магазин, детсад, школа и т.д.	кухня, туалет, ванная	мебель, техника
Реклама 1	√						
Реклама 2	√						
Реклама 3							

(В) Послушайте рекламу жилья ещё раз. Как вы думаете, кому из этих людей подходит первое предложение, кому — второе, а кому – третье? Почему?

(1) Это семья Большовых. Семья Большовых очень большая: мама, папа, трое детей, дедушка, бабушка и собака Дружок. Их старая квартира очень маленькая.

(2) Это Миша Семёнов. Он недавно окончил институт. Сейчас он ещё живёт со своими родителями, но хочет жить отдельно.

(3) Познакомьтесь с Александром Георгиевичем и Татьяной Павловной. Они на пенсии. Они очень хотят жить там, где тихо,

красиво и хорошо.

СЛУШАЕМ И ПИШЕМ

 5.13.

(А) Послушайте текст.

(Б) Напишите диктант.

_____
_____
_____
_____
_____
_____
_____
_____
_____
_____
_____

СЛУШАЕМ ПЕСНЮ

5.14.

(А) Послушайте песню. Кто поёт эту песню: мужчина, женщина или дети?

(Б) Как вы думаете, о чём эта песня? Какие слова повторяются в этой песне много раз?

(В) Послушайте песню ещё раз. Заполните пропуски.

(1) **Где крыша** _____ **твоего.**

(2) **Мир полон радости и** _____ .

Но край _____ **милей всего.**

И как прекрасно _____

УРОК 5 НОВАЯ КВАРТИРА

Под _____ _____ своего.

ЛИНГВОСТРАНОВЕДЧЕСКИЙ КОММЕНТАРИЙ К ПЕСНЕ

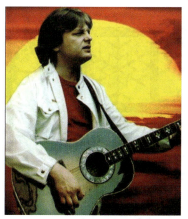

Песня «Крыша дома твоего», как и многие другие популярные русские песни («Родительский дом», «Трава у дома», «Отчий дом») рассказывает о любви к родному дому, к своей Родине. В русской культуре (как и в китайской), дом — это не просто жилище человека, а место, где он может чувствовать теплоту своей семьи, покой и счастье. В русской культуре много пословиц об этом, например, «В гостях хорошо, а дома лучше», «Мой дом — моя крепость», «Дома и стены помогают».

В песне говорится о том, что нет в мире места лучше, чем родной дом. Мы можем путешествовать по разным местам, но нигде мы не будем чувствовать себя так хорошо, как дома, где не страшны никакие беды и горести. Образ дома — это и образ Родины, которая всегда лучше чужих мест (как поётся в песне, «но край родной милей всего»).

Выражение «Под крышей дома твоего» иногда в шутку используется в разговорной речи в прямом значении — «у тебя дома». Например: «Давай встретимся! — Хорошо, а где? Под крышей дома твоего? — Отличная идея, приходи завтра ко мне».

国情背景知识注释

俄罗斯有许多歌颂家、歌颂祖国的流行歌曲,如《爸妈的家》、《房前的小草》、《爸爸的小屋》等,上面的这首《你家的屋顶》也是其中之一。在俄罗斯文化中(正如中国文化中一样),дом不仅指住所,更指温暖、祥和、幸福的家,俄语中有许多关于家庭温暖的谚语,如"做客当然好,家里更美妙"、"我的家——我的堡垒"、"家里真是好,墙壁也帮忙",等等。

《你家的屋顶》这首歌赞美了世界上最美好的地方——家,东西南北走遍、难比家中温暖、美好如花常在、愁苦如烟过眼。在俄语中,дом的形象,还可以指祖国的形象。歌唱祖国的俄罗斯歌曲也不胜枚举。

在俄语中,"在你家的屋顶下"这一用语常用于口语,带有诙谐色彩,意思很简单,相当于"在你家",例句如上。

УРОК 6 КЛИМАТ, ПОГОДА, ВРЕМЕНА ГОДА

СЛУШАЕМ И ВСПОМИНАЕМ

听录音请扫二维码

6.1.

Слушайте слова. Повторяйте за диктором только те слова, которые обозначают хорошую погоду, тёплое время года. Не повторяйте слова, которые обозначают плохую погоду, холодное время года.

6.2.

Послушайте вопросы. Напишите ответы.

(1) _____

(2) _____

(3) _____

(4) _____

(5) _____

УРОК 6 КЛИМАТ, ПОГОДА, ВРЕМЕНА ГОДА

СЛУШАЕМ И СЛЫШИМ

6.3.

Послушайте слова. Что вы слышите? Подчеркните то, что вы слышите.

(1) снег идёт — с ней идёт

(2) вчера шёл дождь — вечером шёл дождь

(3) там, на небе — там я не был

(4) зимой мне холодно — зимой не холодно

(5) учимся до зимы — учимся дома мы

(6) весной тепло — весь год тепло

(7) в июне жарко — июнь не жаркий

(8) какая погода? — какие полгода?

6.4.

Послушайте предложения. Какой падеж у слов вы слышите — **1, 2, 3, 4, 5** или **6**?

(1) погода -	(2) дождь -	(3) ветер -
(4) температура -	(5) небо -	(6) весна -
(7) зима -	(8) мороз -	(9) лето -
(10) осень -	(11) июнь -	(12) январь -

6.5.

Послушайте предложения. Вы слышите то, что написано (√), или нет (×)?

(1) Мне нравятся два времени года: весна и лето. _____

(2) Осень — не самое приятное время года. _____

(3) Осенью деревья жёлтые и красные. _____

(4) Когда идёт дождь, я люблю сидеть дома и слушать музыку. _____

(5) Зимой он не любит кататься на лыжах. _____

(6) Пушкин очень любил осень, а лето не любил. _____

(7) Осенью нет почти никаких праздников. _____

(8) В январе день рождения — трудно. _____

Б.6.

Послушайте предложения. Сколько в них слов?

НАПРИМЕР: Каждый день я встаю рано. **(7 слов)**

(0) (1) (2) (3) (4) (5) (6) (7) (8)

7.

 СЛУШАЕМ ДИАЛОГИ

Б.7.

Диалог 1. Какой прогноз погоды на выходные?

(А) Соедините слова и выражения **(I)** с их значением **(II)**.

I. Слова и выражения диалога	II. Значение, объяснение
(1) слабый	(А) небольшая постройка в саду или в парке, где люди обычно сидят и беседуют (= разговаривают)
(2) ничего не получится	
(3) расстраиваться	(Б) не сильный
(4) беседка	(В) Любая погода - хорошая погода.
(5) рисовать	(Г) мы не сможем это сделать
(6) У природы нет плохой погоды	(Д) не радоваться
	(Е) делать картину

(Б) Послушайте Диалог 1.

(В) Ответьте на вопросы.

(1) Кто разговаривает?
(2) Какая погода будет в выходные?
(3) Куда они собирались ехать в выходные?
(4) В эти выходные они останутся дома?
(5) Что они будут делать?

Сейчас весна! Как можно сидеть дома?!

УРОК 6 КЛИМАТ, ПОГОДА, ВРЕМЕНА ГОДА

(Г) Сначала послушайте диалог ещё раз. Потом скажите, кто говорит эти предложения — старший брат или младшая сестра.

Образец: [СЕСТРА] (1) Какой прогноз погоды на выходные?

[_____] (...) Сейчас весна! Я не хочу сидеть дома.

[_____] (...) Ура! Давай!

[_____] (...) А мы не будем сидеть дома! На улице не холодно, хоть и идёт дождь. Давай пойдём в парк!

[_____] (...) В парк? Но что мы будем делать там в дождь?

[_____] (...) Ты прочитал этот прогноз погоды в газете?

[_____] (...) Будет дождь в субботу и в воскресенье. Ветер слабый. Температура +15—17 градусов.

[_____] (...) Да. И по телевизору говорят то же самое.

[_____] (...) Найдём беседку и будем рисовать дождь! У природы нет плохой погоды!

[_____] (...) Мне тоже очень жаль. Но ты не расстраивайся!

[_____] (...) Как жалко! Мы ведь собирались ехать в зоопарк с родителями. Теперь ничего не получится...

Теперь поставьте предложения в правильном порядке.

(Д) Да или нет?

(1) В выходные будет плохая погода: дождь, ветер, температура -15—17 градусов. (_____)

(2) Старший брат прочитал прогноз погоды в газете, посмотрел его по телевизору, послушал по радио и нашёл в Интернете. (_____)

(3) В выходные вся семья поедет в зоопарк. (_____)

(4) В выходные брат и сестра пойдут в парк смотреть птиц. (_____)

(5) В выходные брат и сестра пойдут в парк рисовать дождь. (_____)

(6) Старший брат считает, что у природы нет плохой погоды! (_____)

(Е) Разыграйте этот диалог и закончите его. Один из вас — старший брат, другой — младшая сестра. Куда вы поставите телевизор?

Б.8. Диалог 2. На улице светит солнце! Небо чистое!

(А) Соедините слова и выражения (I) с их значением (II).

I. Слова и выражения диалога	II. Значение, объяснение
(1) зонтик	(А) вещь, которая есть у всех людей, если на улице идёт дождь
(2) дождь как из ведра	(Б) всё может быть по-другому
(3) всё может измениться	(В) волноваться, переживать
(4) беспокоиться	(Г) сильный дождь

(Б) Послушайте Диалог 2.

(В) Ответьте на вопросы.

(1) Сколько человек разговаривает?
(2) Что советует мама мужу и сыну? Почему?
(3) Откуда она знает, что будет сильный дождь и ветер?
(4) Какая погода сейчас на улице?
(5) До вечера погода изменится?

(Г) Сначала послушайте диалог ещё раз. Потом закончите реплики. Используйте ключевые слова (одно слово можно использовать несколько раз).

— Дорогой, возьми <u>зонтик.</u>
_____

— Милая, но на улице _____
_____

— До вечера _____
_____

— Хорошо, дорогая, я _____

зонтик   старый
солнце   небо
ветер   одеться тепло
дождь как из ведра
измениться
беспокоиться

УРОК 6 КЛИМАТ, ПОГОДА, ВРЕМЕНА ГОДА

— Сынок, пожалуйста, _____
_____

— Мамочка, но _____

— До вечера _____

— Хорошо, дорогая мама! Я _____

— Ой, это же _____

(Д) Да или нет?

(1) Муж надевает тёплую одежду по совету жены. (_____)

(2) Сын берёт с собой зонтик по совету мамы. (_____)

(3) Мама говорит, что сегодня будет сильный дождь и ветер. (_____)

(4) На самом деле на улице прекрасная погода. (_____)

(5) До вечера погода обязательно изменится. (_____)

(6) До вечера погода точно не изменится. (_____)

(7) Утром мама читала старую газету. (_____)

(8) Муж и сын сделали, как хотела мама, потому что они не хотели, чтобы она беспокоилась. (_____)

(Е) Вы папа (сын). Расскажите, что случилось утром. Начните свой рассказ так: *«Сегодня утром, когда я собирался на работу (в школу), моя жена (мама) посоветовала мне ... »*

6.9.

Диалог 3. Какое время года тебе нравится?

(А) Соедините слова и выражения (I) с их значением (II).

I. Слова и выражения диалога	II. Значение, объяснение
(1) серо	(А) не интересно
(2) скучно	(Б) есть в лесу; маленькие, вкусные, красные, синие, чёрные; из них можно делать джем.
(3) грибы	(В) пасмурно
(4) ягоды	(Г) находить и брать, например, грибы и ягоды
(5) собирать	(Д) есть в лесу; обычно их много после дождя; они стоят под деревьями на одной ножке.
(6) ладно	(Е) Хорошо. Согласен.

(Б) Послушайте Диалог 3.

(В) Ответьте на вопросы.

(1) Кто разговаривает?
(2) О чём они говорят?
(3) Какое время года нравится Саше?
(4) Серёже это время года тоже нравится?
(5) Что Серёже не нравится осенью?
(6) Что Саше нравится осенью?
(7) Почему Серёжа говорит Саше: «Ты как Пушкин»?

(Г) Послушайте диалог ещё раз. Заполните пропуски.

СЕРЁЖА: _____ тебе нравится?

САША: Мне _____ нравится _____.

СЕРЁЖА: Почему осень? На мой взгляд, осень не самое _____ время года: солнце светит _____. На улице

УРОК 6 КЛИМАТ, ПОГОДА, ВРЕМЕНА ГОДА

_____ и серо.

САША: Что ты?! Осень — это самое _____ время года!

Деревья _____ и _____, как золото!

СЕРЁЖА: Осенью часто _____, и дует _____.

Тебе это тоже нравится?

САША: Очень! Я люблю идти по улице и смотреть, как _____ листья. Я люблю сидеть дома и слушать _____ дождя.

СЕРЁЖА: Ты как _____! А мне осенью _____.

В реке купаться _____ нельзя, а на лыжах кататься _____ нельзя. Что делать? Как проводить _____?

САША: Многие люди ходят осенью _____. Осенью в лесу много _____ и _____! Собирать _____ и _____ очень интересно!

СЕРЁЖА: Ладно. Пусть так. Но осенью нет почти никаких _____. Какие праздники в это время года? _____?

САША: Осенью мой _____! И я тебя на него приглашаю!

(Д) Да или нет?

(1) Серёжа и Саша обсуждают разные времена года. (_____)

(2) Саша очень любит осень, а Серёжа не может понять, что в ней хорошего. (_____)

(3) По мнению Серёжи, осень – серое, холодное, скучное время года. (_____)

(4) По мнению Саши, осень – золотое, поэтическое, интересное время года. (_____)

(5) Серёжа много раз ходил в лес собирать грибы и ягоды, но он думает, что это скучно. (_____)

81

(6) У Саши осенью большой праздник – его день рождения. (_____)

(7) Саша никогда не пригласит Серёжу на свой день рождения, потому что Серёже не нравится осень. (_____)

(Е) Расскажите об осени от имени Саши или Серёжи. Если вы Саша, начните свой рассказ так: «*Я больше всего люблю осень, потому что осень — самое красивое время года...*» Если вы Серёжа, то начните свой рассказ так: «*Я очень не люблю осень, потому что осень — ужасное время года...*»

СЛУШАЕМ И ГОВОРИМ

6.10.

(А) Послушайте прогноз погоды и заполните таблицу.

ПРОГНОЗ ПОГОДЫ НА _____			
ГОРОД	ТЕМПЕРАТУРА	ОСАДКИ	ВЕТЕР
МОСКВА	-9 (-12)	небольшой снег	слабый (3 м/с)
САНКТ-ПЕТЕРБУРГ			слабый (___ м/с)
СОЧИ			_____ (___ м/с)
НОВОСИБИРСК			_____ (___ м/с)
ХАБАРОВСК		без осадков	умеренный (___ м/с)

(Б) Расскажите, какой будет погода в разных городах России завтра. Используйте данные таблицы.

Образец: *Завтра, тринадцатого декабря, в Москве будет не очень холодно. Днём температура минус девять градусов, а ночью будет минус двенадцать. Днём пойдёт небольшой снег. Но ветер будет слабый — три метра в секунду.*

УРОК 6 КЛИМАТ, ПОГОДА, ВРЕМЕНА ГОДА

(В) Вы живёте в одном из российских городов. Сегодня 13 декабря. Ваш друг звонит вам, чтобы узнать, какая у вас погода. Ваш друг задаёт вам только общие вопросы (на которые надо отвечать «да» или «нет»).

Образец: - *Алло, слушаю.*

- Привет, Коля! Какая погода в Хабаровске? Хорошая?

- *Нет, не очень хорошая.*

- Температура низкая?

- *Да, очень низкая.*

- А снег идёт?

- *Нет, снега пока нет.*

и т.д.

СЛУШАЕМ ТЕКСТЫ

 6.11.

(А) Послушайте Текст 1 (часть 1).

(Б) Какое это время года? Почему вы так считаете?

(В) Послушайте Текст 1 (часть 2).

(Г) Какое это время года? Почему вы так думаете?

(Д) Послушайте Текст 1 (часть 3).

(Е) Какое это время года? Почему именно это время года?

(Ж) Когда это бывает?

(1) На улице всё белое-белое: дороги белые, машины белые, дома белые, деревья белые, даже люди белые.

(2) Дети на каникулах, а взрослые в отпуске.

(3) Деревья надевают зелёные платья и стоят очень красивые.

(4) Сегодня не похоже на вчера, а завтра не похоже на сегодня.

(5) Надо одеваться теплее, потому что на улице минус 20 или даже минус 25.

(6) Многие люди в России ездят за город, отдыхают на даче, купаются в море или в реке, лежат на солнышке.

(7) Тёплое солнышко, как добрая мама, будит природу.

(8) На рынке много овощей и фруктов, и стоят они не очень дорого.

(9) Дети катаются на коньках и на лыжах, играют в снежки и делают снежную бабу.

(10) Праздники 8 марта, 1 мая, 9 мая.

(11) Новый год и Рождество.

(12) День России.

 Б.12.

(А) Послушайте Текст 2.

(Б) Послушайте вопросы. Выберите правильный вариант ответа — **А, Б, В** или **Г**.

Вопрос (1)

(А) погода всегда ужасная

(Б) погода всегда прекрасная

(В) погода сегодня ужасная, а завтра будет прекрасная

(Г) погода летом и весной прекрасная, а зимой и осенью ужасная

Вопрос (2)

(А) погода всегда ужасная

(Б) погода всегда прекрасная

(В) погода сегодня ужасная, а завтра будет прекрасная

(Г) погода летом и весной прекрасная, а зимой и осенью ужасная

Вопрос (3)

(А) весну и лето   (Б) зиму и осень

(В) зиму и лето   (Г) и зиму, и весну, и лето, и осень

Вопрос (4)

(А) никакое   (Б) лето

(В) зиму   (Г) весну

УРОК 6 КЛИМАТ, ПОГОДА, ВРЕМЕНА ГОДА

Вопрос (5)

(А) людей, которые любят сильные морозы

(Б) людей, которые каждый день говорят, что погода ужасная

(В) людей, которые никогда не читают прогноз погоды

(Г) людей, которым не нравится весна

Вопрос (6)

(А) когда мы говорим о погоде

(Б) когда приходит весна

(В) когда осенью светит солнце и небо чистое

(Г) никогда

Вопрос (7)

(А) Нет плохой погоды, есть плохая одежда.

(Б) Нет плохой погоды, есть люди у которых всегда плохое настроение

(В) Иногда на улице плохая погода. Тогда надо сидеть дома.

(Г) Если прогноз обещает плохую погоду, надо позвонить всем своим друзьям и сказать, чтобы одевались теплее.

(В) Послушайте текст ещё раз. Прочитайте вопросы. Как ответит на эти вопросы герой текста («я»), а как — его соседка Анна Ивановна?

ВОПРОС	«Я»	АННА ИВАНОВНА
(1) Какая сегодня погода?		
(2) Вы любите осень? Почему?		
(3) Вы любите зиму? Почему?		
(4) Вы любите весну? Почему?		
(5) Вы любите лето? Почему?		
(6) Какое у вас настроение?		

СЛУШАЕМ И ПИШЕМ

 Б.13.

(А) Послушайте текст.

(Б) Напишите диктант.

СЛУШАЕМ ПЕСНЮ

Б.14.

(А) Послушайте известную русскую песню. Как вы думаете, какая это песня: популярная, классическая или русская народная?

(Б) Как вы думаете, о чём эта песня? Какие слова вы услышали?

(В) Послушайте песню ещё раз. Заполните пропуски в предложениях.

Ой, _____, _____, не морозь _____!

Не морозь _____, моего _____!

УРОК 6　КЛИМАТ, ПОГОДА, ВРЕМЕНА ГОДА

ЛИНГВОСТРАНОВЕДЧЕСКИЙ КОММЕНТАРИЙ К ПЕСНЕ

Песня «Ой, мороз-мороз» - самая популярная русская народная застольная песня. Хорошо пообедав, выпив водки или вина, русские любят петь песни. Но караоке сегодня есть не у всех, а такое явление, как KTV, в России не очень развито. Поэтому поют просто: все вместе сидя за столом, иногда под гармонь или гитару.

В песне «Ой, мороз-мороз» мужчина просит крепкий русский мороз не морозить его, рассказывает о том, что дома его ждёт красавица-жена, думает, как придёт домой

и обнимет её. От воспоминаний о любящей жене ему сразу становится теплее, и мороз действительно кажется не таким крепким.

Слова «Ой, мороз-мороз, не морозь меня» можно услышать и сегодня среди обычных людей на улице во время сильного мороза. Морозы же в России, особенно в Сибири и на Дальнем Востоке, бывают очень сильные. В феврале температура может опускаться до -35—40 градусов. В европейской части России зима мягче и теплее.

国情背景知识注释

歌曲《哦，严寒，严寒》是俄罗斯人最喜爱的宴席歌曲之一。俄罗斯人在席间用餐、饮酒以后，喜欢唱歌（KTV这种娱乐形式在俄罗斯并不多见），人们在席间或清唱，或用手风琴、吉他伴奏。《哦，严寒，严寒》这首歌唱出了一个男人在严寒天气中的心声："严寒别把我冻坏，家中娇妻在等待，只要我一回家转，马上将她拥在怀"，一想到妻子，天气虽寒冷，心中却温暖。在寒冷的天气里，俄罗斯大街小巷经常会听到人们哼唱这首歌曲。

УРОК 7 ОТДЫХ

 СЛУШАЕМ И ВСПОМИНАЕМ

听录音请扫二维码

7.1.

 Слушайте слова. Повторяйте за диктором только слова темы «Отдых».

Не повторяйте слова темы «Иностранные языки».

7.2.

 Послушайте вопросы. Напишите ответы.

(1) _____

(2) _____

(3) _____

(4) _____

(5) _____

СЛУШАЕМ И СЛЫШИМ

7.3.

Послушайте слова. Что вы слышите? Подчеркните то, что вы слышите.

(1) на выходных — на выход их

(2) во время отдыха — Вова на отдыхе

(3) отдых в конце недели — от них в конце недели

(4) поезд в Москву — поездка в Москву

(5) у Коли каникулы — у кого каникулы

(6) любоваться — любить отца

(7) красивые пейзажи — красивый Саша

(8) купаться в Волге — купаться много

7.4.

(А) Послушайте предложения. Какой падеж у слов вы слышите — **1, 2, 3, 4, 5** или **6**?

(1) выходной -   (2) отдых -   (3) план -   (4) каникулы -

(5) воздух -   (6) поездка -   (7) пейзаж -   (8) самолёт -

(Б) Послушайте слова. Какое окончание вы слышите? Подчеркните правильный вариант.

(1) купается — купаешься   (2) ловит рыбу — ловим рыбу

(3) загораю — загораем   (4) любуется — любуемся

(5) скучала — скучал   (6) возвращались — возвращался

7.5.

Послушайте предложения. Вы слышите то, что написано (√), или нет (×)?

(1) Мы мало говорим об отдыхе. _____

(2) Как вы проводите свободное время на каникулах? _____

(3) Мы гуляли и дышали свежим воздухом. _____

(4) Ребята пели и танцевали. _____

(5) После занятий в Русский музей Лена пошла. _____

(6) Он не очень любит ходить в театр. _____

(7) У меня море времени, я поеду на море. _____

(8) Можно поехать за границу в солнечную Италию. _____

7.6.

Послушайте предложения. Сколько в них слов?

НАПРИМЕР: Каждый день я встаю рано. **(6 слов)**

| (0) | (1) | (2) | (3) | (4) | (5) | (6) | (7) | (8) |

6.

СЛУШАЕМ ДИАЛОГИ

7.7.

Диалог 1. Ты была когда-нибудь в Большом театре?

(А) Соедините слова и выражения **(I)** с их значением **(II)**.

I. Слова и выражения диалога	II. Значение, объяснение
(1) Это моя большая мечта.	(А) Теперь понятно.
(2) обрадовать (кого)	(Б) Вот это да! Удивительно!
(3) громко	(В) не тихо
(4) вот в чём дело	(Г) подарить кому-то радость
(5) Да что ты!	(Д) Я очень хочу это сделать.

(Б) Послушайте Диалог 1.

(В) Ответьте на вопросы.

(1) Кто разговаривает?
(2) О чём они разговаривают?
(3) Куда приглашает Сергей Ян Мэй?
(4) Что там можно посмотреть?
(5) Что будут смотреть Сергей и Ян Мэй?
(6) Ян Мэй рада?

Пойти в Большой театр –

это моя большая мечта!

(Г) Сначала послушайте диалог ещё раз. Потом закончите реплики. Используйте ключевые слова (одно слово можно использовать несколько раз).

— Ян Мэй, ты была <u>когда-нибудь в Большом театре?</u>
— Нет, Сергей, _____
_____

— Могу тебя обрадовать. _____
— А билеты на _____
— По-моему, в Большом _____
_____

— Да, я знаю. Но я больше _____
_____

— Ах, вот в чём дело. _____
_____

— Да что ты?! _____
— Сегодня вечером _____
— Прекрасно! _____

Ключевые слова:
~~большой~~   мечта
билет   ~~театр~~
«Лебединое озеро»
опера   понимать
обрадовать   балет
петь громко

(Д) Да или нет?

(1) Большая мечта Ян Мэй — посмотреть балет «Лебединое озеро». (_____)

(2) У Сергея есть два билета в Большой театр. (_____)

(3) Сергей считает, что в Большом театре интересно только слушать оперу и совсем не интересно смотреть балет. (_____)

(4) Ян Мэй не любит оперу, потому что она не понимает, что поют. (_____)

(5) Любимый балет Ян Мэй — «Лебединое озеро». (_____)

(6) Балет будет завтра вечером в шесть часов. (_____)

(Е) Вы Ян Мэй. Вы звоните маме и рассказываете о том, что **пойдёте в Большой театр**. Начните свой рассказ так: «*Мама, привет! Знаешь, куда я иду сегодня вечером?...*»

7.8. Диалог 2. Какие у тебя планы на каникулы?

(А) Соедините слова и выражения (**I**) с их значением (**II**).

I. Слова и выражения диалога		II. Значение, объяснение
(1) я кроме Москвы нигде не была		(А) я не была в других городах России
(2) поближе к (чему)		(Б) много интересных мест
(3) подальше		(В) большая река в России
(4) Суздаль, Сергиев Посад		(Г) маленькие старые города около Москвы
(6) есть что посмотреть		(Д) недалеко
(7) Волга		(Е) не очень близко
(8) Воронеж		(Ж) город в западной части России

(Б) Послушайте Диалог 2.

(В) Ответьте на вопросы.

(1) Кто разговаривает?
(2) Что они обсуждают?
(3) Что они решили сделать?
(4) Куда они поедут?
(5) Что они увидят?

Я покажу тебе много интересных и красивых мест!

(Г) Сначала послушайте диалог ещё раз. Потом скажите, кто говорит эти предложения — Наташа или Джейн.

Образец: [*НАТАША*] (*1*) Какие у тебя планы на каникулы?

[_____] (...) Я ещё не решила. А у тебя уже есть планы?

[_____] (...) Поехать куда-нибудь вместе — это отличная идея! А то я кроме Москвы ещё нигде не была.

[_____] (...) Я покажу тебе много интересных и красивых мест. Давай начнём с городов поближе к Москве, а потом поедем куда-нибудь подальше.

[_____] (...) Ещё мы можем посетить Сергиев Посад, там есть что посмотреть. Потом можно совершить прогулку по Волге, а шестого августа поедем в Воронеж.

[_____] (...) Лучше выбрать поезд, это быстро и удобно. И пейзажи по пути очень красивые.

[_____] (...) Давай поедем куда-нибудь вместе.

[_____] (...) Я согласна. Я слышала про старый русский город Суздаль.

[_____] (...) Как хорошо! А в Воронеж поедем на автобусе или поездом?

Теперь поставьте предложения в правильном порядке.

(Д) Да или нет?

(1) У Джейн и Наташи разные планы на каникулы.(_____)

(2) Джейн очень нравится идея путешествовать по России вместе с Наташей. (_____)

(3) Джейн уже побывала во многих городах России. (_____)

(4) Джейн и Наташа решили сначала побывать в городах, которые находятся недалеко от Москвы. (_____)

(5) Джейн и Наташа решили пока не ехать в путешествие по Волге. (_____)

(6) Джейн и Наташа поедут в Воронеж на поезде. (_____)

(7) Джейн и Наташа не будут скучать в эти каникулы.(_____)

(Е) Расскажите, как проведут Джейн и Наташа каникулы. Начните свой рассказ так: «*Скоро каникулы. Джейн и Наташа проведут эти каникулы вместе. Они решили…*»

Диалог 3. Я рада, что мы пойдём вместе!

(А) Соедините слова и выражения (I) с их значением (II).

I. Слова и выражения диалога	II. Значение, объяснение
(1) Пушкинский музей	(А) когда показывают картины
(2) выставка	(Б) большая книга с картинами
(3) художник	(В) собрание каких-то вещей
(4) коллекция	(Г) человек, который занимается живописью
(5) коллекционировать	(Д) Музей картин известных художников в Москве
(6) альбом	(Е) собирать какие-то вещи
(7) марка	(Ж) маленькая картинка на конверте
(8) бросить (делать что)	(З) больше не делать что-то

(Б) Послушайте Диалог 3.

(В) Ответьте на вопросы.

(1) Кто разговаривает?
(2) Почему Сергей искал Наташу?
(3) Куда собирается Наташа сегодня вечером?
(4) Какая выставка в Пушкинском музее?
(5) Куда пойдут Сергей и Наташа в эту пятницу? А в следующую?

(Г) Сначала послушайте текст ещё раз. Потом заполните пропуски в предложениях.

СЕРГЕЙ: Наташа! Наконец я _____!

НАТАША: Привет, Серёжа! Ты искал меня? _____?

СЕРГЕЙ: Я хочу _____ тебя сегодня в _____.

УРОК 7 ОТДЫХ

НАТАША: _____, я не могу. Сегодня в Пушкинском музее последний день работает _____ картин _____ Я очень хочу её _____.

СЕРГЕЙ: Китайских художников? Это должно быть _____!

НАТАША: Я бы тоже хотела иметь _____ коллекцию картин _____. У нас дома много альбомов с картинами. А я сама коллекционирую _____ о живописи.

СЕРГЕЙ: А я в детстве собирал _____ с изображением _____ Но потом бросил.

НАТАША: Серёжа, пойдём лучше со мной на _____, а в _____ сходим в следующую пятницу.

СЕРГЕЙ: Ладно, пошли. Я _____ в живописи, но люблю ходить в _____. Особенно с тобой.

НАТАША: _____, что мы пойдём вместе!

(Д) Да или нет?

(1) Сергей и Наташа давно договорились идти сегодня вечером в клуб. (_____)

(2) Выставка картин китайских художников завтра уже не будет работать. (_____)

(3) Сама Наташа не очень хочет идти на эту выставку, но у неё дипломная работа на тему «Китайская живопись». (_____)

(4) Сергея мало интересует живопись. (_____)

(5) С детства Сергей коллекционирует марки с изображением городов. (_____)

(6) Наташа коллекционирует картины известных художников. (_____)

(7) Сергей с удовольствием пойдёт на выставку, потому что, во-первых, он любит ходить в музеи, во-вторых, он пойдёт туда с Наташей. (_____)

(8) Наташа не очень хочет идти на выставку с Сергеем, но он очень хочет идти с Наташей. (_____)

(Е) Разыграйте этот диалог. Один из вас — Наташа, другой — Сергей.

СЛУШАЕМ И ГОВОРИМ

7.10.

(А) Вы приехали в Москву на неделю. Послушайте программу отдыха на это время. Заполните пропуски.

ПРОГРАММА ОТДЫХА	
ВРЕМЯ	МЕСТО
вторник, 9.00	<u>Красная площадь</u> и Кремль
_____	Экскурсия по Москве-реке
_____	Дом-музей _____
_____	Останкинская телебашня
_____	Третьяковская галерея. Русские _____.
_____	Большой театр. Балет «_____»
_____	Московский государственный _____
_____	МХАТ «_____» (А.П. Чехов)
_____	_____. Сувениры.
_____	Московский _____. Концерт русской народной музыки.

(Б) Уточните информацию. Задайте вопросы своему соседу по парте. Используйте слова «Извините», «Простите», «Можно узнать», «Можно поинтересоваться».

Образец: - *Извините, когда мы едем в Кремль?*
- Во вторник в девять часов.
- *Простите, куда мы поедем в четверг?*
- Утром мы поедем в Дом-музей Пушкина, а после обеда — на телебашню.

(В) Где вы хотите побывать больше всего? Почему?

Образец: - *Больше всего я хочу побывать в Большом театре. Это моя мечта. Я очень люблю оперу и балет.*

🔊 СЛУШАЕМ ТЕКСТЫ

 7.11.

(А) Послушайте Текст 1.

(Б) Послушайте вопросы. Выберите правильный вариант ответа — **А, Б, В** или **Г**.

Вопрос (1)

(А) актриса театра (Б) спортсменка, лыжница

(В) фотомодель (Г) жена известного бизнесмена

Вопрос (2)

(А) весной (Б) зимой

(В) осенью (Г) летом

Вопрос (3)

(А) два человека (Б) три человека

(Г) четыре человека (Г) она одна

Вопрос (4)

(А) плавать в бассейне (Б) смотреть новые фильмы

(В) кататься на коньках (Г) кататься на лыжах

Вопрос (5)

(А) каталась на коньках (Б) плавала

(В) каталась на лыжах (Г) шутила

Вопрос (6)

(А) потому что она не любила говорить о работе во время отдыха

(Б) потому что она ничего не понимала в кино, театре и телевидении

(В) потому что она совершенно не любила кино, театр и телевидение

(Г) потому что в молодости она хотела быть актрисой, но не поступила в театральный институт

Вопрос (7)

(А) она гуляла по красивому парку

(Б) она гуляла по музею

(В) она гуляла по дорогому магазину

(Г) она гуляла по новой площади

Вопрос (8)

(А) в лесу тихо, красиво и хорошо

(Б) на отдых за границей надо много денег

(В) Нонна уже была во многих странах

(Г) Нонна не знает иностранных языков

(В) Послушайте текст ещё раз. Вы берёте интервью у Нонны Гришаевой. Как вы думаете, что отвечает Нонна на эти вопросы?

 7.12.

(А) Послушайте Текст 2.

(Б) Послушайте вопросы. Выберите правильный вариант ответа — А, Б, В или Г.

Вопрос (1)

(А) по телефону (Б) в чате

(В) по электронной почте (Г) в кафе за чашечкой кофе

Вопрос (2)

(А) уже холодно, часто идёт дождь

(Б) уже холодно, часто идёт снег

(В) солнечно и морозно

(Г) уже тепло, дождь идёт не часто

Вопрос (3)

(А) о Москве, о России

(Б) о Китае, о Пекине

(В) о китайской культуре и литературе

(Г) о русской зиме

Вопрос (4)

(А) там красиво и интересно

(Б) там скучно и плохо

(В) там вполне обычно, ничего особенного

(Г) многим людям там нравится, но только не мне.

Вопрос (5)

(А) они не поднимались на гору

(Б) они не катались на лыжах

(В) они не купались в горячих источниках

(Г) они не гуляли в парках

Вопрос (6)

(А) чтобы Ян Мэй приехала в Москву

(Б) чтобы Ян Мэй передала привет родителям

(В) встретиться с Ян Мэй в Китае

(Г) скорее получить ответ от Ян Мэй

Вопрос (7)

(А) Наташа - студентка, а Ян Мэй — её китайский преподаватель.

(Б) Наташа работает переводчиком, а Ян Мэй — её подруга

(В) Наташа — школьница из России, а Ян Мэй учится в университете в Москве

(Г) Наташа и Ян Мэй — студентки и большие подруги

(В) Наташе нравится Китай? Послушайте текст ещё раз и закончите предложения.

(1) По-моему, Наташе (не) нравится Китай, потому что она всем говорит _____

(2) По-моему, Наташе (не) нравится Китай, потому что она часто вспоминает _____
_____

(3) По-моему, Наташе (не) нравится Китай, потому что она очень хочет _____

(4) По-моему, Наташе (не) нравится Китай, потому что _____
_____

СЛУШАЕМ И ПИШЕМ

7.13.

(А) Послушайте текст.

(Б) Напишите диктант.

СЛУШАЕМ ПЕСНЮ

7.14.

(А) Послушайте песню. Какая это песня: весёла или грустная? Кто поёт эту песню: мужчина, женщина или дети?

(Б) Какие слова в этой песне вы услышали и поняли?

(В) Послушайте песню ещё раз. Заполните пропуски в предложениях.

(1) **Антошка, _____, пойдём копать _____!**

(2) _____, _____, сыграй нам на _____!

(3) **Тили-тили трали-вали, это _____ не _____, это _____ не _____**

Па-рам-пам-_____, па-рам-_____-_____.

(4) _____, _____, готовь к обеду _____!

(5) **Это, братцы, мне по силе. Откажусь _____ едва ли.**

ЛИНГВОСТРАНОВЕДЧЕСКИЙ КОММЕНТАРИЙ К ПЕСНЕ

«Антошка» — весёлая шуточная песня. Сюжет песни прост: ребята зовут Антошку сначала работать — «копать картошку», затем веселить их — «играть на гармошке», но Антошка не собирается ни копать картошку, ни играть на гармошке, отвечая ребятам так: «Тили-тили трали-вали, это мы не проходили, это нам не задавали». Однако, когда ребята зовут Антошку есть картошку, он с удовольствием бежит обедать вместе со всеми. Песню «Антошка» хорошо знают и с удовольствием поют все русские дети. Сегодня слова «Это мы не проходили, это нам не задавали» стали крылатыми. Их говорят в том случае, если не хочется выполнять какую-то работу или какое-то задание. (-Помоги мне

убрать со стола. — О-о, это мы не проходили, это нам не задавали. (= Не хочу. Убери сама.)

国情背景知识注释

《安东什卡》是一首诙谐的歌曲。歌曲情节简单，说的是孩子们让安东什卡先干活儿挖土豆，再拉手风琴给他们听，但安东什卡不想干活儿也不想演奏，但当孩子们让他吃土豆时，他欣然同意。安东什卡拒绝孩子们时唱的几句话"这个咱也没教过，这个咱也没学过"，已经成为人们不想完成某项任务时的惯用答语。

УРОК 8   СПОРТ

 СЛУШАЕМ И ВСПОМИНАЕМ

 8.1.

(А) Слушайте слова. Повторяйте за диктором только слова темы «Спорт». Не повторяйте слова темы «У врача».

(Б) Слушайте слова. Повторяйте за диктором только те слова, которые обозначают виды спорта.

(В) Слушайте слова. Повторяйте за диктором только те слова, которые обозначают спортсменов.

(Г) Слушайте слова. Повторяйте за диктором только те слова, которые обозначают места.

 8.2.

Послушайте вопросы. Напишите ответы.

(1) _____

(2) _____

(3) _____

(4) _____

(5) _____

103

СЛУШАЕМ И СЛЫШИМ

8.3.

Послушайте слова. Что вы слышите? Подчеркните то, что вы слышите.

(1) футбол и Степан — футболист Степан

(2) играть в футбол — играй в футбол

(3) виды спорта — Витя и спорт

(4) футбольная команда — футбол моей команды

(5) болеют наши — болеет Наташа

(6) выиграть в шахматы — вы играете в шахматы

(7) наш школьный чемпион — Наташа в школе и он

(8) это ничья — ты это чья?

8.4.

(А) Послушайте предложения. Какой падеж у слов вы слышите — **1, 2, 3, 4, 5** или **6**?

| (1) спортсмен - | (2) соревнования - | (3) Олимпиада - |
| (4) шахматы - | (5) болельщик - | (6) футбол - |

(Б) Послушайте предложения. Какое время глагола вы слышите — настоящее (сейчас), прошедшее (раньше) или будущее (потом)?

| (1) выиграть - | (2) проиграть - | (3) играть - |
| (4) болеть - | (5) кататься - | (6) плавать - |

8.5.

Послушайте предложения. Вы слышите то, что написано (√), или нет (×)?

(1) Сегодня у нас в гостях знаменитая спортсменка. _____

(2) Елена Ильина, чемпионка мира, плавает. _____

(3) Я занимаюсь гимнастикой уже три года. _____

(4) Папа с братом часто играют в настольный теннис. _____

(6) Для настольного тенниса нужен большой стол. _____

(7) Я мечтаю заниматься фигурным катанием. _____

(8) Борис — болельщик, он болеет за свою команду. _____

(9) Два года назад Антон победил на соревнованиях. _____

8.Б.

Послушайте предложения. Сколько в них слов?

НАПРИМЕР: Каждый день я встаю рано. *(7 слов)*

(0)	(1)	(2)	(3)	(4)	(5)	(6)	(7)	(8)
7.								

СЛУШАЕМ ДИАЛОГИ

8.7.

Диалог 1. Ты хорошо плаваешь?

(А) Соедините слова и выражения (I) с их значением (II).

I. Слова и выражения диалога	II. Значение, объяснение
(1) Майкл Фелпс	(А) хуже, чем (кто)
(2) сильный	(Б) американский пловец, олимпийский чемпион
(3) учить (научить)	(В) показать и рассказать кому-то, как делать что-то
(4) не так хорошо, как (кто)	(Г) превзойти кого-то в чём-то
(5) лучше, чем (кто)	(Д) не слабый

(Б) Послушайте Диалог 1.

(В) Ответьте на вопросы.

(1) Кто разговаривает?
(2) Где они сидят и что делают?
(3) Кто хорошо плавает?
(4) Кто не умеет плавать?
(5) Кто учил Катю плавать?
(6) Кто будет учить Катю плавать?
(7) Где Наташа и Катя будут плавать?

А я вот не умею плавать

(Г) Сначала послушайте диалог ещё раз. Потом скажите, кто говорит эти предложения — Наташа или Катя.

Образец: [__КАТЯ__] (1) Что ты смотришь?

[_____] (...) Не так хорошо, как Майкл Фелпс, но лучше, чем ты.

[_____] (...) Хочешь, я научу тебя плавать?

[_____] (...) Я смотрю плавание. Очень люблю этот вид спорта.

[_____] (...) Да, он молодец! А я вот не умею плавать. Мой отец учил меня плавать, когда мне было пять лет, но не научил. Мой брат учил меня плавать, когда мне было семь лет, но не научил.

[_____] (...) Ой, как быстро плывут спортсмены! Кто победил?

[_____] (...) Победил спортсмен из США Майкл Фелпс. Он очень сильный пловец!

[_____] (...) Конечно, хочу! Но сейчас только начало лета. Море ещё холодное.

[_____] (...) Отличная идея! А ты хорошо плаваешь?

[_____] (...) Ничего. Мы пойдём плавать в бассейн. Знаешь, недалеко от нашего дома есть хороший бассейн. 10 минут на велосипеде.

> Теперь поставьте предложения в правильном порядке.

(Д) Да или нет?

(1) Майкл Фелпс — сильный спортсмен, знаменитый пловец из США. (_____)

(2) Катя и Наташа смотрят соревнования по плаванию в бассейне. (_____)

(3) Наташа очень хорошо плавает, так же хорошо, как Майкл Фелпс. (_____)

(4) Никто и никогда не учил Катю плавать. (_____)

(5) Сейчас начало лета, но в море плавать ещё нельзя, потому что оно холодное. (_____)

(6) Бассейн находится близко к дому Кати и Наташи. (_____)

УРОК 8 СПОРТ

(7) Катя очень хочет научиться плавать. (_____)

(Е) Вы Наташа. Расскажите немного о себе и своём спортивном увлечении. Начните свой рассказ так: *«Здравствуйте, меня зовут Наташа. Я увлекаюсь спортом. Больше всего мне нравится...»*

Вы Катя. Расскажите немного о себе. Начните свой рассказ так: *«Здравствуйте, меня зовут Катя. Мне очень нравится плавание, но, к сожалению, я···»*

8.8. Диалог 2. За какую команду ты болеешь?

(А) Соедините слова и выражения (I) с их значением (II).

I. Слова и выражения диалога	II. Значение, объяснение
(1) надо же	(А) Это не так! Ты не прав!
(2) страстный болельщик	(Б) футбольная команда из Санкт-Петербурга
(3) «Рубин»	(В) человек, который всегда сильно болеет за кого-то
(4) фанат	(Г) соревнование по футболу
(5) «Зенит»	(Д) футбольная команда из Казани
(6) Не скажи!	(Е) человек, который любил, любит и всегда будет любить только ЭТУ команду, ЭТОГО певца и т.п.
(7) матч	(Ж) Удивительно! Неожиданно!
(8) (кому) повезло	(З) удача была на (чьей) стороне

(Б) Послушайте Диалог 2.

(В) Ответьте на вопросы.

(1) Сколько человек разговаривает?
(2) О чём они говорят?
(3) Они болеют за одну футбольную команду?
(4) Какая из этих двух команд сейчас чемпион России?
(5) Какая из этих двух команд была чемпионом России раньше?

(Г) Сначала послушайте диалог ещё раз. Потом закончите реплики. Используйте ключевые слова (одно слово можно использовать несколько раз).

— Какой вид спорта тебе нравится?
— Я очень <u>люблю футбол.</u>
— Надо же! Я тоже _____
— А за какую команду _____
— Я болею _____
— А я фанат команды _____
— Но ведь «Зенит» сейчас играет _____
_____
— Не скажи! _____
_____
— Просто «Зениту» повезло _____
_____
— Я болею за «Зенит»! Наш «Зенит» всех победит!_____
— Я болею за «Рубин»!_____
_____

футбол	Казань
болельщик	болеть
любитель	«Рубин»
чемпион	выиграть
«Зенит»	Санкт-Петербург
последний матч	2 года
номер один	сильный

(Д) Да или нет?

(1) Саша и Сергей большие любители футбола и страстные болельщики.(_____)

(2) Сергей болеет за команду «Зенит» из Казани. (_____)

(3) Саша болеет за команду «Рубин» из Санкт-Петербурга. (_____)

(4) «Зенит» стал чемпионом России два года назад и до сих пор им остаётся. (_____)

(5) Сейчас чемпион России - «Рубин». (_____)

(6) В последнем матче «Рубин» проиграл «Зениту» со счётом 2:1. (_____)

(7) Саша считает, что «Рубин» сильнее «Зенита».(_____)

(8) Сергей болел, болеет и будет болеть только за «Зенит». (_____)

УРОК 8 СПОРТ

(Е) Разыграйте этот диалог. Один из вас — Сергей, другой — Саша.

8.9. Диалог 3. Сколько лет Вы занимаетесь гимнастикой?

(А) Соедините слова и выражения **(I)** с их значением **(II)**.

I. Слова и выражения диалога	II. Значение, объяснение
(1) Алина Кабаева	(А) сделать (что) вместо (кого)
(2) именно	(Б) человек, с которым ты беседуешь (= разговариваешь о чём-то)
(3) это мой выбор	(В) известная российская спортсменка
(4) сделать (что) за (кого)	(Г) это и ничто другое; он и никто другой
(5) собеседник	(Д) это то, что я сам выбрал или выбираю

(Б) Послушайте Диалог 3.

(В) Ответьте на вопросы.

(1) Кто разговаривает?
(2) Кто такая Алина Кабаева?
(3) Сколько лет Алина Кабаева занимается гимнастикой?
(4) Какая девушка Алина Кабаева?
(5) Какая спортсменка Алина Кабаева?
(6) Какой собеседник Алина Кабаева?

Вы красивая девушка, талантливая гимнастка
Алина Кабаева
журналист
и приятный собеседник

(Г) Сначала послушайте диалог ещё раз. Потом заполните пропуски в предложениях.

ЖУРНАЛИСТ: _____ , уважаемые телезрители. Сегодня мы пригласили к нам в гости знаменитую _____ Алину Кабаеву. Здравствуйте, Алина!

АЛИНА КАБАЕВА: Здравствуйте!

ЖУРНАЛИСТ: Скажите, пожалуйста, сколько лет вы _____?

109

АЛИНА КАБАЕВА: Я _____ всю свою жизнь. Моё первое знакомство с _____ произошло, когда мне было _____. Мама часто об этом вспоминает.

ЖУРНАЛИСТ: Алина, а почему вы _____ именно _____?

АЛИНА КАБАЕВА: На самом деле это был не мой выбор. _____ _____ выбрали за меня.

ЖУРНАЛИСТ: Известно, что ваш папа был _____, а мама занималась _____. Почему для вас они выбрали не _____ и не _____, а именно _____?

АЛИНА КАБАЕВА: Когда я родилась, моя мама сразу решила, что девочка должна заниматься _____ или _____, тогда она будет _____, стройная, _____. Мы жили на _____. Там не было _____. Зимой было очень _____, поэтому нельзя было заниматься _____, и родители отдали меня в школу _____.

ЖУРНАЛИСТ: Алина, большое вам _____ за интервью! Вы не только высокая, стройная и красивая _____, но и талантливая _____ и приятный _____!

(Д) Да или нет?

(1) Алина Кабаева — известная спортсменка, чемпионка по фигурному катанию. (_____)

(2) Когда Алине было 3 года, она начала заниматься гимнастикой. (_____)

(3) Родители Алины не хотели, чтобы она занималась гимнастикой. (_____)

(4) Папа Алины занимался футболом, а мама — баскетболом. (_____)

(5) Семья Кабаевых сначала жила в маленьком городе на юге

УРОК 8 СПОРТ

страны. (____)

(6) Зимой в городе было много снега, но Алине не нравилось кататься на коньках. (____)

(7) Мама Алины говорила, что только гимнастика может сделать девочку высокой, стройной и красивой.(____)

(Е) Расскажите об Алине Кабаевой. Начните свой рассказ так: «*Алина Кабаева — известная российская гимнастка. Она говорит, что гимнастика — это её жизнь. Но как и когда она пришла в гимнастику?...*»

СЛУШАЕМ И ГОВОРИМ

8.10.

(А) Послушайте, где и когда проходили или будут проходить Олимпийские игры. Заполните таблицу.

ГОД	ЛЕТН/ЗИМН	ГОРОД	СТРАНА
1896	летние игры	Афины	Греция
____	____	____	Китай
____	____	Лондон	Великобритания
____	летние игры	____	СССР
____	летние игры	Атланта	____ (4 раза)
1924	____	Шамони	Франция
____	зимние игры	Ванкувер	Канада
2014	зимние игры	____	____
____	зимние игры	Солт-Лейк-Сити	____ (4 раза)

(Б) Расскажите, где и когда были или будут Олимпийские игры. Используйте данные таблицы.

Образец: *В тысяча восемьсот девяносто шестом году в городе Афины в Греции были первые Летние Олимпийские игры.*

!!! БУДЬТЕ ВНИМАТЕЛЬНЫ !!!
ОЛИМПИЙСКИЕ ИГРЫ — (они)
ОЛИМПИАДА — (она)

111

(В) Игра «Отгадай!» Один из ваших одногруппников выбирает одну из Олимпиад. Другие должны отгадать, какую Олимпиаду он выбрал. Он может отвечать на вопросы только «да» или «нет».

Образец: — Это Летние Олимпийские игры? — Да.
— Они были недавно? — Нет.
— Они были в США? — Нет.
— Они были в Греции? — Да.
— Это первая Летняя Олимпиада в Афинах в 1896 году?
— Да.

СЛУШАЕМ ТЕКСТЫ

8.11.

(А) Послушайте Текст 1.

(Б) Послушайте вопросы. Выберите правильный вариант ответа – **А, Б, В** или **Г**.

Вопрос (1)

(А) известный российский фигурист

(Б) известный российский футболист

(В) известный российский волейболист

(Г) известный российский велосипедист

Вопрос (2)

(А) выиграл больше соревнований, чем проиграл

(Б) проиграл больше соревнований, чем выиграл

(В) выиграл и проиграл одинаковое количество соревнований

(Г) ничего не выиграл и ничего не проиграл

Вопрос (3)

(А) он боялся кататься на коньках

(Б) он быстро уставал

(В) он занимался фигурным катанием с удовольствием

(Г) он пропускал занятия по фигурному катанию

УРОК 8 СПОРТ

Вопрос (4)

(А) Евгению надо ехать в Москву или в Санкт-Петербург тренироваться

(Б) Евгению надо заниматься фигурным катанием, когда ему будет 9—10 лет

(В) у Евгения нет таланта и он не будет хорошим спортсменом

(Г) Евгений должен поехать на экскурсию в Санкт-Петербург или в Москву

Вопрос (5)

(А) он выиграл семьдесят соревнований по фигурному катанию

(Б) он поступил в самую лучшую в России школу по фигурному катанию

(В) его отец умер, и мама вышла замуж за его тренера

(Г) он не хотел больше заниматься фигурным катанием

Вопрос (6)

(А) это только его победы

(Б) это не его победы, а победы его родителей, учителей и тренеров

(В) это не только его победы, но и победы его родителей, учителей и тренеров

(Г) это победы всех людей мира

Вопрос (7)

(А) Нет, никогда

(Б) Он выигрывал серебряную медаль

(В) Он выигрывал бронзовую медаль

(Г) Он выиграл Олимпийское золото в 2006 году

(В) Сделайте подписи к фотографиям из альбома Евгения Плющенко.

7 лет.
Первые шаги на льду.

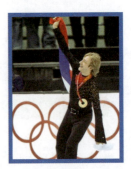

8.12.

(А) Послушайте Текст 2.

(Б) Послушайте вопросы. Выберите правильный вариант ответа — **А, Б, В** или **Г**.

Вопрос (1)

(А) написать сочинение   (Б) прочитать рассказ

(В) сделать упражнения   (Г) решить задачи

Вопрос (2)

(А) сразу и с удовольствием

(Б) только после ужина и без особого удовольствия

(В) сразу, но без большого желания

(Г) только когда мама сказала: «Быстро садись делать уроки!»

УРОК 8 СПОРТ

Вопрос (3)

(А) культура и спор

(Б) лыжи, футбол и плавание

(В) физкультура и спорт

(Г) зимние и летние виды спорта

Вопрос (4)

(А) только летние виды спорта

(Б) только зимние виды спорта

(В) лишь немногие виды спорта

(Г) как летние, так и зимние виды спорта

Вопрос (5)

(А) самые популярные в России виды спорта

(Б) мои любимые виды спорта

(В) зимние виды спорта

(Г) летние виды спорта

Вопрос (6)

(А) плавание

(Б) теннис

(В) футбол

(Г) пинг-понг

Вопрос (7)

(А) по футболу

(Б) по лыжному спорту

(В) по плаванию

(Г) по теннису

Вопрос (8)

(А) баскетболом

(Б) плаванием

(В) футболом

(Г) лыжами

(В) Послушайте текст ещё раз. Чем вы похожи, а чем не похожи на этого мальчика? Составьте не меньше 5 предложений.

(1) Я похож(а) на этого мальчика, потому что он _____ и я тоже _____

(2) Я не похож(а) на этого мальчика потому что он _____, а я не _____

СЛУШАЕМ И ПИШЕМ

8.13.

(А) Послушайте текст.

(Б) Напишите диктант.

_____
_____
_____
_____
_____
_____
_____
_____
_____
_____
_____
_____
_____
_____
_____
_____

СЛУШАЕМ ПЕСНЮ

8.14.

(А) Послушайте песню. Какая это песня — весёлая или грустная, быстрая или медленная? Кто поёт эту песню?

(Б) Как вы думаете, о чём эта песня? Какие слова повторяются в этой песне несколько раз?

(В) Послушайте песню ещё раз. Заполните пропуски в предложениях.

(1) _____, Москва, _____
_____ сказка, прощай!

УРОК 8 СПОРТ

　　　　Пожелай исполненья _____ ,
　　　　Новой встречи друзьям _____ .
　(2) Расстаются _____
　　　　Остаётся в _____ нежность
　　　　Будем песню беречь
　　　　_____ , до новых _____ !

ЛИНГВОСТРАНОВЕДЧЕСКИЙ КОММЕНТАРИЙ К ПЕСНЕ

　　В 1980 году в Москве состоялся большой праздник, который остался в памяти не только жителей России, но и иностранных гостей — Летние Олимпийские игры. Москва принимала гостей и участников Олимпиады из разных стран мира, демонстрируя настоящее русское гостеприимство и радушие. За две недели спортсмены и болельщики из разных стран мира настолько прониклись атмосферой всеобщей дружбы и взаимопонимания, царившей на Олимпиаде в Москве, что расставаться действительно было нелегко. Во время церемонии закрытия символ Московской Олимпиады — Олимпийский Мишка — поднялся на воздушных шарах в небо. В это время звучала песня «До свидания, Москва», написанная специально для закрытия Олимпиады. У всех на глазах навернулись слёзы.

　　Московская Олимпиада вписала свою страницу в историю развития спорта: были установлены новые рекорды, были одержаны великие победы, но многим до сих пор особенно памятна та минута, когда Олимпийский Мишка взмыл в воздух и зазвучала трогательная песня.

国情背景知识注释

　　1980年莫斯科举办了第22届夏季奥运会，俄罗斯人民以自己的殷勤好客接待了世界各地的奥运健儿和宾朋。在两个多星期的时间里，各国运动员、观众沉浸在友谊、理解的氛围中，奥运会落下帷幕时仍依依不舍。闭幕式上奥运吉祥物小熊米什卡气球缓缓升空，此时响起闭幕式歌曲《再见，莫斯科》。听到这首感人的歌曲，许多人热泪盈眶，此情此景成为人们对莫斯科奥运会温馨难忘的记忆。

俄语视听说基础教程

孙玉华 总主编

- 具有原版教材特色，生词注释简便易懂，任务设计精心细致。
- 模拟真实语言环境，语言材料生动鲜活，内容反映时代性。
- 练习形式多种多样，技能训练与知识传授完美结合，利于交际能力培养。
- 附有与课文及练习配套使用的MP3光盘，难易程度把握准确，教学针对性强。

本书另配有方便课堂教学的电子课件、原创情景教学片DVD光盘，特向使用本教材的教师免费赠送。相关专业任课教师，请完整填写本页下方的"教师联系表"，加盖所在系（院）公章，并联系北京大学出版社。

邮寄：北京市海淀区成府路205号 北京大学出版社 外语编辑部
邮编：100871
Email: pup_russian@foxmail.com
编辑部电话：010-62759634

教师联系表

教材名称	《俄语视听说基础教程1》					
姓名：		职务：		职称：		邮编：
通信地址：						
手机：		Email:		QQ:		微博用户名：
任职学校：					院/系 （章）	
学校地址：						
教学科目与年级：				班级人数：		